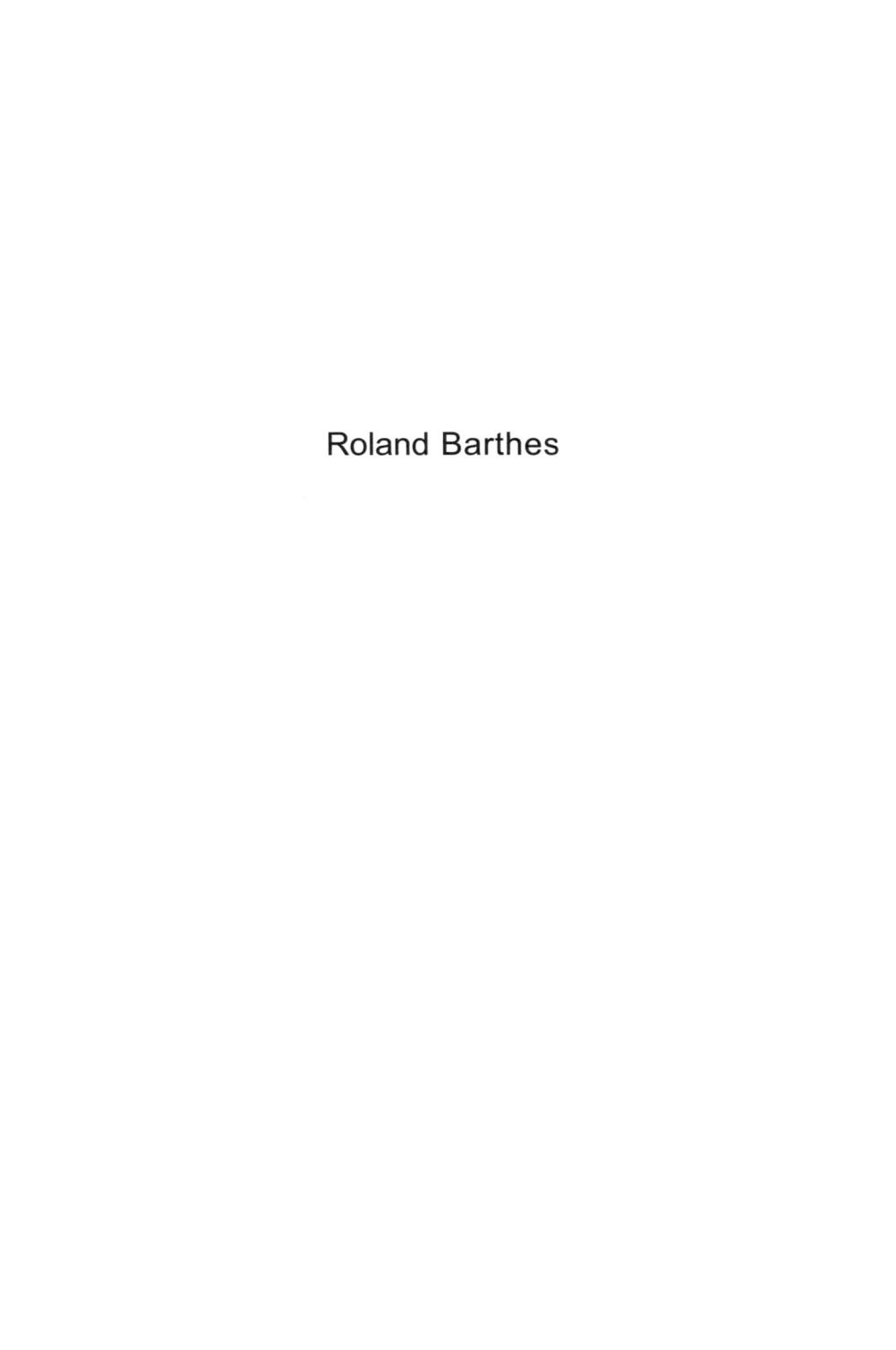

Roland Barthes

Roland Barthes
por Roland Barthes

Tradução
Leyla Perrone-Moisés

2ª edição

Estação Liberdade

Título original: *Roland Barthes par Roland Barthes*

© Éditions du Seuil, 1975 e 1995

© Estação Liberdade, 2014, para esta tradução

Revisão	Tulio Kawata
Composição e projeto gráfico	Pedro Barros e Edilberto F. Verza
Assistência editorial	Flávia Moino e Maísa Kawata
Capa	Wildiney Di Masi / Estação Liberdade
Ilustração de capa	*Roland Barthes em casa*, 1979. Gamma / Keystone
Editor	Angel Bojadsen

CIP-BRASIL. CATALOGAÇÃO NA PUBLICAÇÃO
SINDICATO NACIONAL DOS EDITORES DE LIVROS, RJ

B294r

Barthes, Roland, 1915-1980
  Roland Barthes por Roland Barthes / Roland Barthes ; tradução Leyla Perrone-Moisés. -- [2. ed.] -- São Paulo : Estação Liberdade, 2017.
  216 p. : il. ; 21 cm.

Tradução de: Roland Barthes par Roland Barthes
Inclui bibliografia
ISBN: 978-85-7448-075-6

1. Barthes, Roland, 1915-1980. 2. Literatura - História e crítica. I. Perrone-Moisés, Leyla. II. Título.

17-39873
CDD: 801.95
CDU: 82.09

21/02/2017   21/02/2017

Todos os direitos reservados à Editora Estação Liberdade. Nenhuma parte da obra pode ser reproduzida, adaptada, multiplicada ou divulgada de nenhuma forma (em particular por meios de reprografia ou processos digitais) sem autorização expressa da editora, e em virtude da legislação em vigor.

Esta publicação segue as normas do Acordo Ortográfico da Língua Portuguesa, Decreto nº 6.583, de 29 de setembro de 2008.

EDITORA ESTAÇÃO LIBERDADE LTDA.
Rua Dona Elisa, 116 | 01155-030 | São Paulo-SP
Tel.: (11) 3660 3180
www.estacaoliberdade.com.br

Sumário

Imagens   13

Fragmentos   55

Ativo/reativo 55 • O adjetivo 55 • O à-vontade 56 • O demônio da analogia 56 • No quadro-negro 57 • O dinheiro 58 • A nave Argo 58 • A arrogância 59 • O gesto do arúspice 60 • O assentimento, não a escolha 60 • Verdade e asserção 61 • A atopia 61 • A autonímia 62

O vagante 62 • Quando eu brincava de barra... 63 • Nomes próprios 63 • Da bobagem, não tenho direito... 64 • O amor por uma ideia 64 • A jovem burguesa 65 • O Amador 65 • Reprimenda de Brecht a R. B. 65

A chantagem à teoria 67 • Carlitos 67 • O pleno do cinema 68 • Cláusulas 68 • A coincidência 69 • Comparação é razão 71 • Verdade e consistência 72 • Contemporâneo do quê? 72 • Elogio ambíguo do contrato 72 • O contratempo 73 • Meu corpo só existe... 74 • O corpo plural 74 • A costeleta 74 • A curva louca da imago 75 • Pares de palavras-valores 75 • A dupla crueza 76

Decompor/destruir 77 • A deusa H. 77 • Os amigos 77 • A relação privilegiada 79 • Transgressão da transgressão 79 • O segundo grau e os outros 79 • A denotação como verdade da linguagem 81 • Sua voz 81 • Destacar 82 • Dialéticas 82 • Plural, diferença, conflito 83 • O gosto pela divisão 83 • No piano, o dedilhado... 84 • O mau objeto 84 • Doxa/paradoxa 85 • O Borboletear 85 • Anfibologias 86

De viés 87 • A câmara de ecos 88 • A escritura começa pelo estilo 89 • Para que serve a utopia 89 • O escritor como fantasma 91 • Novo sujeito, nova ciência 92 • És tu, cara Elisa... 92 • A elipse 93 • O emblema, a piada 94 • Uma sociedade de emissores 94 • Horário 94 • A vida privada 95 • Na realidade... 96 • Eros e o teatro 97 • O discurso estético 97 • A tentação etnológica 98 • Etimologias 98 • Violência, evidência, natureza 99 • A exclusão 99 • Celina e Flora 100 • A isenção de sentido 100

O fantasma, não o sonho 101 • Um fantasma vulgar 103 • A volta como farsa 103 • O cansaço e o frescor 104 • A ficção 105 • A dupla figura 105 • O amor, a loucura 106 • Forjaduras 107 • Fourier ou Flaubert? 107 • O círculo dos fragmentos 108 • O fragmento como ilusão 110 • Do fragmento ao diário 110 • A "fraisette" 111 • Francês 112 • Erros de datilografia 112 • O arrepio do sentido 113

A indução galopante 113 • Canhoto 114 • Os gestos da ideia 114 • Abgrund 115 • O gosto pelos algoritmos 115

E se eu não tivesse lido... 117 • Heterologia e violência 117 • O imaginário da solidão 118 • Hipocrisia? 118

A ideia como gozo 118 • As ideias mal conhecidas 119 • A frase 120 • Ideologia e estética 120 • O imaginário 121 • O dândi 122 • O que é a influência? 122 • O instrumento sutil 123

Pausa: anamneses 123

Tolo? 126 • A máquina da escritura 126

Em jejum 127 • Carta de Jilali 127 • O paradoxo como gozo 128 • O discurso jubiloso 128 • Satisfação plena 129 • O trabalho da palavra 129 O medo da linguagem 131 • A língua materna 132 • O léxico impuro 132 • Gosto, não gosto 133 • Estrutura e liberdade 134 • O aceitável 134 • Legível, escriptível e mais além 135 • A literatura como *mathesis* 135 • O livro do Eu 136 • A loquela 137 • Lucidez 137

O casamento 138 • Uma lembrança de infância 138 • De manhãzinha 139 • Medusa 139 • Abou Nowas e a metáfora 140 • As alegorias linguísticas 140 • Enxaquecas 141 • O fora-de-moda 142 • A moleza das grandes palavras 143 • A panturrilha da bailarina 143 • Política/moral 144 • Palavra-moda 144 • Palavra-valor 145 • Palavra-cor 146 • Palavra-maná 146 • A palavra transicional 146 • A palavra média 147 • O natural 147 • Novidade/novo 148 • O neutro 149 • Ativo/passivo 149 • A acomodação 150 • O nume 151

Passagem dos objetos no discurso 151 • Odores 152 • Da escritura à obra 153 • "Sabe-se" 154 • Opacidade e transparência 155 • A antítese 155 • A defecção das origens 156 • Oscilação do valor 156

Paradoxa 157 • O ligeiro motor da paranoia 157 • Falar/beijar 158 • Os corpos que passam 158 • O jogo, o pastiche 159 • *Patchwork* 159 • A cor 160 • A pessoa dividida? 160 • Partitivo 161 • Bataille, o medo 162 • Fases 162 • Efeito benfazejo de uma frase 163 • O texto político 164 • O alfabeto 164 • A ordem de que não me lembro mais 165 • A obra como poligrafia 165 • A linguagem-sacerdotisa 165 • O discurso previsível 166 • Projetos de livros 166 • Relação com a psicanálise 167 • Psicanálise e psicologia 167

"Que quer dizer isto?" 167

Que raciocínio? 168 • O recesso 169 • O reflexo estrutural 170 • O reino e o triunfo 170 • Abolição do reino dos valores 171 • O que limita a representação? 171 • A repercussão 173 • Bem-sucedido/malogrado 173 • Da escolha de uma roupa 173 • O ritmo 174

Que isso se saiba 174 • Entre Salamanca e Valladolid 175 • Exercício escolar 175 • O saber e a escritura 176 • O valor e o saber 176 • A cena 176 • A ciência dramatizada 177 • Vejo a linguagem 179 • Sed contra 180 • A siba e sua tinta 180 • Projeto de um livro sobre a sexualidade 181 • O *sexy* 182 • Final feliz da sexualidade? 182 • O *shifter* como utopia 183 • Na significação, três coisas 184 • Uma filosofia simplista 184 • Macaco entre os macacos 185 • A divisão social 185 • Quanto a mim, eu 185 • Um mau sujeito político 188 • A sobredeterminação 188 • A surdez à sua própria linguagem 189 • A simbólica de Estado 189 • O texto sintomático 189 • Sistema/sistemática 189 • Tática/estratégia 190

Mais tarde 190 • *Tel Quel* 192 • O tempo que faz 193 • Terra prometida 193 • Minha cabeça se embaralha 194 • O teatro 195 • O tema 196 • Conversão do valor em teoria 196 • A máxima 197 • O monstro da totalidade 197

Anexos   201
Biografia 201 • Bibliografia 1942-1974 203 • Bibliografia complementar: 1975-1995 207 • Pontos de referência 210 • Textos citados 212 • Ilustrações 213

Agradeço aos amigos que me concederam sua ajuda na preparação deste livro:

Jean-Louis Bouttes, Ronald Havas, François Wahl, para o texto;

Jacques Azanza, Youssef Baccouche, Isabelle Bardet, Alain Benchaya, Myriam de Ravignan, Denis Roche, para as imagens.

Tout ceci doit être considéré comme dit par un personnage de roman.

Tudo isso deve ser considerado como dito por uma personagem de romance.

Eis aqui, para começar, algumas imagens: elas são a cota de prazer que o autor oferece a si mesmo, ao terminar seu livro. Esse prazer é de fascinação (e, por isso mesmo, bastante egoísta). Só retive as imagens que me sideram, sem que eu saiba por quê (essa ignorância é própria da fascinação, e o que direi de cada imagem será sempre imaginário).

Ora, é preciso reconhecê-lo, são somente as imagens de minha juventude que me fascinam. Essa juventude não foi infeliz, graças à afeição que me cercava; foi entretanto bastante ingrata, por solidão e aperto material. Não é, pois, a nostalgia de um tempo feliz que me mantém encantado diante dessas fotografias, mas algo mais turvo.

Quando a meditação (a sideração) constitui a imagem como ser destacado, quando ela a transforma em objeto *de um gozo imediato, não tem mais nada a ver com a reflexão, por sonhadora que fosse, de uma identidade; ela se atormenta e se encanta com uma visão que não é de modo algum morfológica (eu nunca me pareço comigo), mas antes orgânica. Abarcando todo o campo parental, a imageria age como um médium e me põe em relação com o "isto" de meu corpo; ela suscita em mim uma espécie de sonho obtuso, cujas unidades são dentes, cabelos, um nariz, uma magreza, pernas com meias compridas, que não me pertencem, sem no entanto pertencer a mais ninguém: eis--me então em estado de inquietante familiaridade: vejo a fissura do sujeito (exatamente aquilo de que ele não pode dizer nada).*

Disso decorre que a fotografia de juventude é, ao mesmo tempo, muito indiscreta (é meu corpo de baixo que nela se dá a ler) e muito discreta (não é de "mim" que ela fala).

Não se encontrarão pois aqui, mescladas ao romance familiar, mais do que as figurações de uma pré-história do corpo — desse corpo que se encaminha para o trabalho, para o gozo da escritura. Pois tal é o sentido teórico dessa limitação: manifestar que o tempo da narrativa (da imageria) termina com a juventude do sujeito: não há biografia a não ser a da vida improdutiva. Desde que produzo, desde que escrevo, é o próprio Texto que me despoja (felizmente) de minha duração narrativa. O Texto nada pode contar; ele carrega meu corpo para outra parte, para longe de minha pessoa imaginária, em direção a uma espécie de língua sem memória que já é a do Povo, da massa insubjetiva (ou do sujeito generalizado), mesmo se dela ainda estou separado por meu modo de escrever.

O imaginário de imagens será pois detido na entrada da vida produtiva (que foi, para mim, a saída do sanatório). Um outro imaginário avançará então: o da escritura. E, para que esse imaginário possa desabrochar (pois tal é a intenção deste livro), sem nunca ser retido, garantido, justificado pela representação de um indivíduo civil, para que ele seja livre de seus próprios signos, jamais figurativos, o texto prosseguirá sem imagens, exceto as da mão que traça.

A demanda de amor.

Bayonne, Bayonne, cidade perfeita: fluvial, arejada por sonoras cercanias (Mouserolles, Marrac, Lachepaillet, Beyris), e, no entanto, cidade fechada, cidade romanesca: Proust, Balzac, Plassans. Imaginário primordial da infância: a província como espetáculo, a História como odor, a burguesia como discurso.

Por um caminho semelhante, descida regular em direção da Poterna (odores) e do centro da cidade. Cruzava-se aí com alguma dama da burguesia baionesa, que subia para sua vivenda das Arenas, com um pacotinho da loja "Bom Gosto" na mão.

Os três jardins

"Aquela casa era uma verdadeira maravilha ecológica: não muito grande, colocada ao lado de um jardim bastante vasto, parecia um brinquedo-maquete de madeira (de tal forma o cinza--desbotado de seus postigos era suave). Com a modéstia de um chalé, ela era entretanto cheia de portas, de janelas baixas, de escadas laterais, como um castelo de romance. Dando para um só lado, o jardim continha, entretanto, três espaços simbolicamente diversos (e passar o limite de cada espaço era ato notável). Atravessava-se o primeiro jardim para chegar a casa; era o jardim mundano, ao longo do qual se acompanhavam aos passinhos, e com grandes pausas, as damas baionesas. O segundo jardim, diante da própria casa, era feito de miúdas alamedas arredondadas em torno de dois gramados gêmeos; aí cresciam rosas, hortênsias (flor ingrata do Sudoeste), luisiana, ruibarbo, ervas caseiras em velhos caixotes, uma grande magnólia cujas flores brancas chegavam à altura dos quartos do primeiro andar; era ali que, durante o verão, impávidas sob os pernilongos, as damas B. se instalavam em cadeiras baixas, para fazer tricôs complicados. No fundo, o terceiro jardim, com exceção de um pequeno pomar de pessegueiros e framboeseiras, era indefinido, ora baldio, ora plantado com legumes grosseiros; íamos pouco ali, e somente pela aleia central."

O mundano, o caseiro, o selvagem: não é esta a própria tripartição do desejo social? Desse jardim baionês, passo sem espanto aos espaços romanescos e utópicos de Júlio Verne e de Fourier.

(Essa casa está hoje desaparecida, levada pela Imobiliária baionesa.)

O grande jardim formava um território assaz estranho. Dir--se-ia que ele servia principalmente para enterrar as ninhadas excedentes de gatinhos. No fundo, uma aleia mais sombria e duas bolas ocas de buxo: alguns episódios de sexualidade infantil ali aconteceram.

Fascina-me a empregada.

Os dois avôs

 Em sua velhice, ele se aborrecia. Sempre sentado à mesa antes da hora (embora essa hora fosse constantemente antecipada), vivia cada vez mais adiantado, de tanto que se aborrecia. Ele não tinha nenhum discurso.

Ele gostava de caligrafar programas de audições musicais, ou de fabricar leitoris, caixas e coisinhas de madeira. Também não tinha nenhum discurso.

As duas avós

Uma era bonita, parisiense. A outra era boa, provinciana: embebida de burguesia — não de nobreza, da qual, entretanto, ela saíra —, tinha um sentimento vivo da narrativa social, que desenvolvia num francês apurado de convento, onde persistiam os imperfeitos do subjuntivo; o mexerico mundano a devorava como uma paixão amorosa; o objeto principal do desejo era uma certa Madame Leboeuf, viúva de um farmacêutico (enriquecido pela invenção de um antisséptico), uma espécie de buxo preto, adereçado e bigodudo, que devia ser atraído para o chá mensal (continua em Proust).

(Nessas duas famílias de avós, o discurso pertencia às mulheres. Matriarcado? Na China, há muito tempo, toda a comunidade era enterrada em volta da avó.)

A irmã do pai: ficou sozinha a vida inteira.

    O pai, morto muito cedo (na guerra), não estava preso a nenhum discurso da lembrança ou do sacrifício. Por intermédio da mãe, sua memória, jamais opressiva, apenas roçava a infância, com uma gratificação quase silenciosa.

O focinho branco do bonde da minha infância.

Frequentemente, à noite, para retornar a casa, uma volta pelas Alamedas marinhas, ao longo do Adour: grandes árvores, barcos deserdados, vagos passeantes, deriva do tédio: rondava por ali uma sexualidade de jardim público.

Não foi a escritura, durante séculos, o reconhecimento de uma dívida, a garantia de uma troca, a firma de uma representação? Mas, hoje, a escritura vai indo lentamente para o abandono das dívidas burguesas, para a perversão, a extremidade do sentido, o texto...

O romance familial

De onde vêm eles? De uma família de tabeliães da Alta-Garonne. Eis-me provido de uma raça, de uma classe. A foto, policial, o prova. Este jovem de olhos azuis, cotovelo pensativo, será o pai de meu pai. Última estase dessa descida: meu corpo. A linhagem acabou produzindo um ser para nada.

De geração a geração, o chá: índice burguês e encanto certo.

O estágio do espelho: "tu és isto"

Do passado, é minha infância que mais me fascina; somente ela, quando a olho, não me traz o pesar do tempo abolido. Pois não é o irreversível que nela descubro, é o irredutível: tudo o que ainda está em mim, por acessos; na criança, leio a corpo descoberto o avesso negro de mim mesmo, o tédio, a vulnerabilidade, a aptidão aos desesperos (felizmente plurais), a emoção interna, cortada, para sua infelicidade, de toda expressão.

Contemporâneos?

Eu começava a andar, Proust vivia ainda e terminava a Busca.

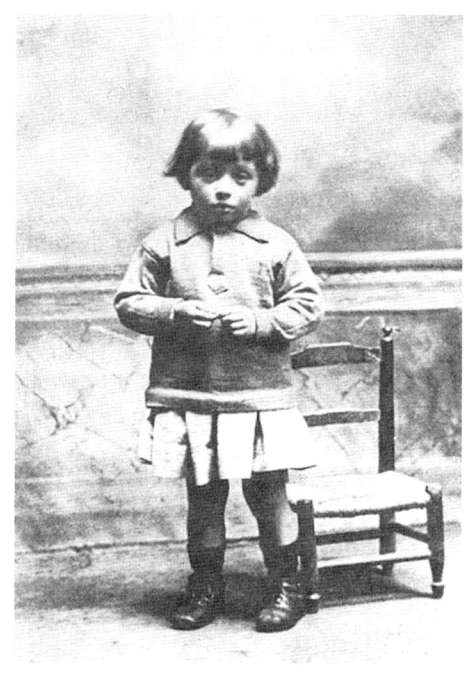

Em criança, eu me entediava frequentemente, e muito. Isso começou visivelmente muito cedo, e continuou durante toda a minha vida, por lufadas (cada vez mais raras, é verdade, graças ao trabalho e aos amigos), e sempre foi visível. É um tédio de pânico, chegando mesmo ao desamparo: como aqueles que experimento nos colóquios, conferências, noitadas estrangeiras, divertimentos de grupo: por toda a parte onde o tédio pode ser visto. Seria pois o tédio minha histeria?

Desamparo: a conferência.

Tédio: a mesa-redonda.

"*A delícia daquelas manhãs em U.: o sol, a casa, as rosas, o silêncio, a música, o café, o trabalho, a quietude insexual, a vacância das agressões...*"

A família sem o familialismo.

"Nós, sempre nós"...

... mais os amigos.

Mutação brusca do corpo (à saída do sanatório): ele passa (ou acredita passar) da magreza à gordura. Desde então, debate perpétuo com esse corpo, para lhe devolver sua magreza essencial (imaginário de intelectual: emagrecer é o ato ingênuo do querer-ser-inteligente).

Naquele tempo, os liceanos eram homenzinhos.

*Toda lei que oprime um discurso
é insuficientemente fundamentada.*

Dario, que eu representava sempre com o maior medo, tinha duas grandes falas nas quais eu corria sempre o risco de me embrulhar: ficava fascinado pela tentação de pensar em outra coisa. *Pelos buraquinhos da máscara, eu não podia ver nada, a não ser muito longe, muito alto; enquanto recitava as profecias do rei morto, meu olhar pousava sobre objetos inertes e livres, uma janela, uma saliência na parede, um canto de céu: eles, pelo menos, não tinham medo. Eu sentia raiva de mim mesmo por me ter deixado agarrar naquela armadilha desconfortável — enquanto minha voz continuava sua recitação igual, rebelde às* expressões *que eu lhe devia dar.*

De onde vem pois este ar? A Natureza? O Código?

A tuberculose-retrô

(Cada mês, colocavam uma nova folha na beirada da antiga; por fim, havia metros delas: modo-farsa de escrever seu corpo no tempo.)

Doença indolor, inconsistente, doença limpa, sem cheiros, sem "isto"; ela não tinha outras marcas a não ser seu tempo, interminável, e o tabu social do contágio; quanto ao mais, estava-se doente ou curado, abstratamente, por um puro decreto do médico; e, enquanto as outras doenças dessocializam, a tuberculose nos projetava numa pequena sociedade etnográfica que tinha algo de tribo, de convento e de falanstério: ritos, constrangimentos, proteções.

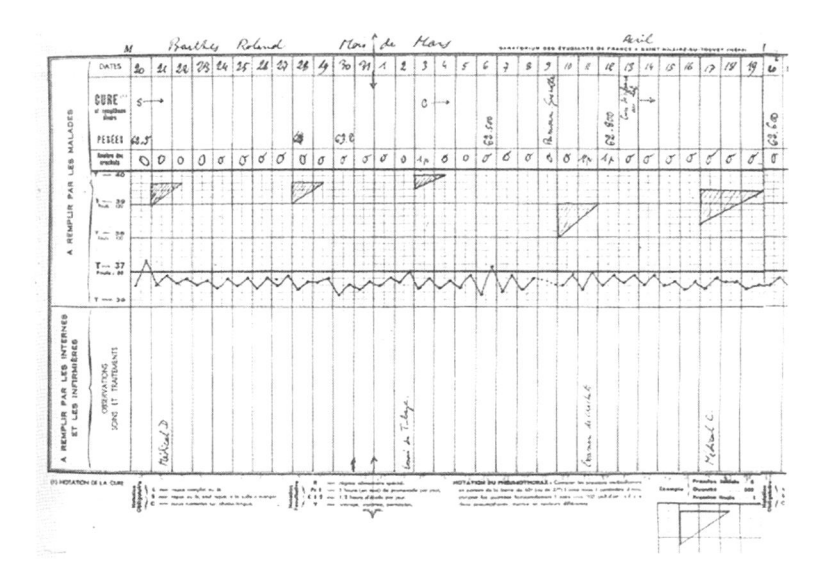

Mas eu nunca me pareci com isto!
— *Como é que você sabe? Que é este "você" com o qual você se pareceria ou não? Onde tomá-lo? Segundo que padrão morfológico ou expressivo? Onde está seu corpo de verdade? Você é o único que só pode se ver em imagem, você nunca vê seus olhos, a não ser abobalhados pelo olhar que eles pousam sobre o espelho ou sobre a objetiva (interessar-me-ia somente ver meus olhos quando eles te olham): mesmo e sobretudo quanto a seu corpo, você está condenado ao imaginário.*

1942

1970

Meu corpo só está livre de todo imaginário quando reencontra seu espaço de trabalho. Esse espaço é, em toda parte, o mesmo, pacientemente adaptado ao prazer de pintar, de escrever, de classificar.

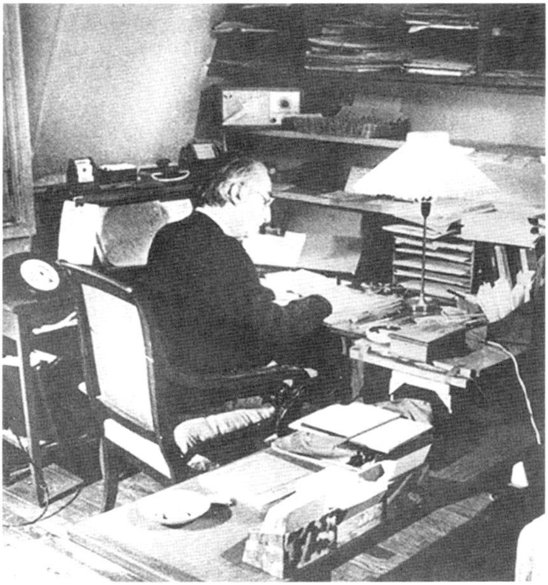

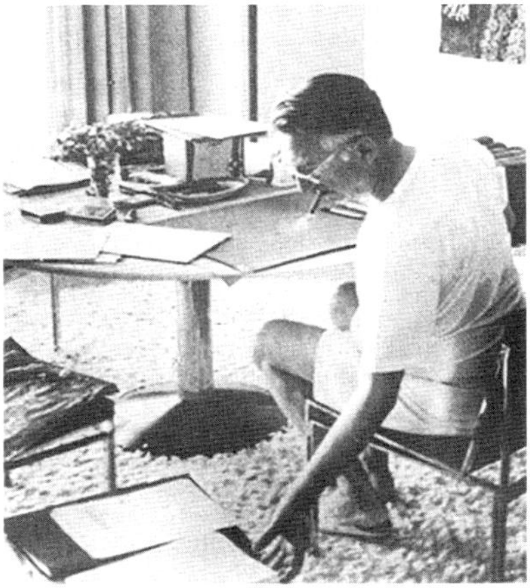

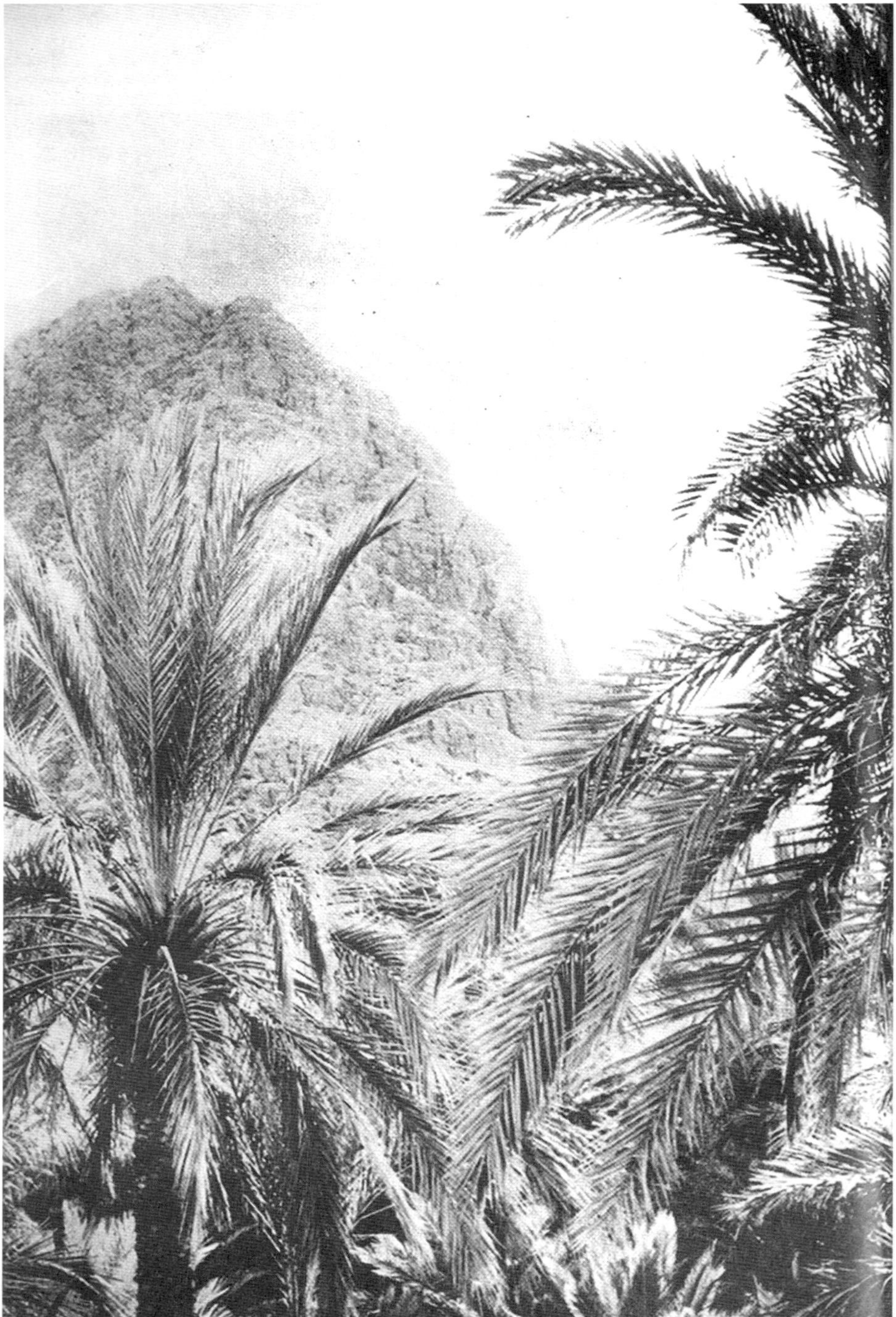

Em direção à escritura

As árvores são alfabetos, diziam os gregos. Dentre todas as árvores-letras, a palmeira é a mais bela. Da escritura, profusa e distinta como o repuxo de suas palmas, ela possui o efeito maior: a inflexão.

No norte, um pinho solitário
Ergue-se sobre uma árida colina.
Cochila; a neve e o gelo
Cobrem-no com seu branco manto.

Ele sonha com uma bela palmeira,
Lá longe, no país do sol,
Que se desola, triste e solitária
Sobre a falésia de fogo.

Heinrich Heine

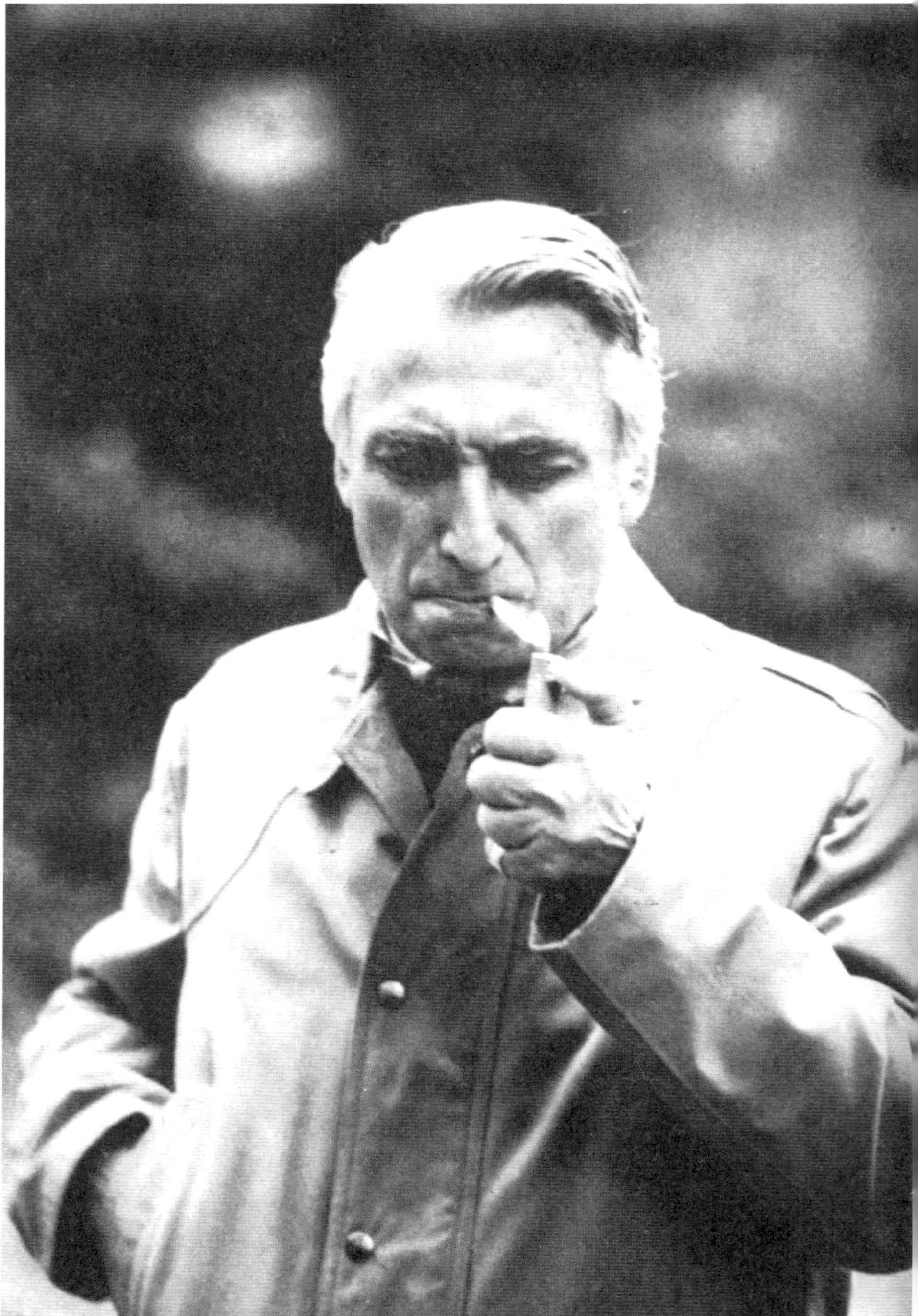

Ativo/reativo

No que ele escreve, há dois textos. O texto I é reativo, movido por indignações, medos, desaforos interiores, pequenas paranoias, defesas, cenas. O texto II é ativo, movido pelo prazer. Mas ao escrever-se, ao corrigir-se, ao submeter-se à ficção do Estilo, o texto I se torna ele próprio ativo; perde então sua pele reativa, que só subsiste por placas (em minúsculos parênteses).

O adjetivo

Ele suporta mal toda *imagem* de si mesmo, sofre ao ser nomeado. Ele considera que a perfeição de uma relação humana depende dessa vacância da imagem: abolir entre si, de um a outro, os *adjetivos*; uma relação que se adjetiva está do lado da imagem, do lado da dominação, da morte.

(No Marrocos, eles não tinham, visivelmente, nenhuma imagem de mim; o esforço que eu fazia, como bom Ocidental, para ser *isto* ou *aquilo*, ficava sem resposta: nem *isto* nem *aquilo* me era devolvido sob a forma de um belo adjetivo; nem lhes passava pela cabeça a ideia de me comentar, eles se recusavam, sem saber, a alimentar e lisonjear meu imaginário. Num primeiro tempo, essa opacidade da relação humana tinha algo de esgotante; mas ela aparecia pouco a pouco como um

• Canhoto.

bem de civilização, ou como a forma verdadeiramente dialética do relacionamento amoroso.)

O à-vontade

Hedonista (já que assim ele acredita ser), ele deseja um estado que é, em suma, o conforto; mas esse conforto é mais complicado do que o conforto doméstico, cujos elementos são fixados por nossa sociedade: é um conforto que ele próprio arranja, monta para si mesmo (assim como meu avô B., no fim da vida, tinha ajeitado um pequeno estrado ao lado da janela, para ver melhor o jardim enquanto trabalhava). Esse conforto pessoal poderia ser chamado de: o *à-vontade*. O à-vontade recebe uma dignidade teórica ("Não temos de manter distância com relação ao formalismo, mas somente de nos pôr à vontade", *1971*, I*), e também uma força ética: é a perda voluntária de qualquer heroísmo, *mesmo no gozo*.

O demônio da analogia

O bicho-papão de Saussure era o *arbitrário* (do signo). O seu é a *analogia*. As artes "analógicas" (cinema, fotografia), os métodos "analógicos" (a crítica universitária, por exemplo) são desacreditados. Por quê? Porque a analogia implica um efeito de Natureza: ela constitui o "natural" como fonte de verdade; e o que aumenta a maldição da analogia é que ela é irreprimível (*Ré*, 23): assim que uma forma é vista, *é preciso* que ela se assemelhe a algo: a humanidade parece condenada à Analogia, isto é, no final das contas, à Natureza. Daí o esforço dos pintores, dos escritores, para dela escapar. Como? Por dois excessos contrários, ou, se se preferir, duas *ironias* que ridicularizam a Analogia, quer se finja um respeito espetacularmente *chão* (é a Cópia, que está salva), quer se deforme *regularmente* — segundo regras — o objeto mimetizado (é a Anamorfose, *CV*, 64).

---

* Ver referências dos textos citados, no final do volume.

Fora dessas transgressões, o que se opõe beneficamente à pérfida Analogia é a simples correspondência estrutural: a *Homologia*, que reduz a lembrança do primeiro objeto a uma alusão proporcional (etimologicamente, isto é, em tempos felizes da linguagem, *analogia* queria dizer *proporção*).

(O touro vê tudo vermelho quando o engodo lhe cai sob o focinho; os dois vermelhos coincidem, o da cólera e o da capa: o touro está em plena analogia, isto é, *em pleno imaginário*. Quando resisto à analogia, é de fato ao imaginário que resisto: isto é: a coalescência do signo, a similitude do significante e do significado, o homeomorfismo das imagens, o Espelho, o engodo cativante. Todas as explicações científicas que recorrem à analogia — e elas constituem legião — participam do engano, formam o imaginário da Ciência.)

No quadro-negro

O Sr. B., professor do Terceiro Ano A do Liceu Louis-le-Grand, era um velhinho socialista e nacionalista. No começo do ano, ele recenseava solenemente, no quadro-negro, os parentes dos alunos que tinham "tombado no campo de honra"; os tios, os primos abundavam, mas fui o único a poder anunciar um pai; fiquei constrangido, como por uma distinção excessiva. Entretanto, apagado o quadro, nada restava daquele luto proclamado — a não ser, na vida real, que é sempre silenciosa, a figura de um lar sem ancoragem social: nenhum pai para matar, nenhuma família para odiar, nenhum meio para reprovar: grande frustração edipiana!

(Esse mesmo Sr. B., no sábado à tarde, à guisa de distração, pedia a um aluno que lhe sugerisse um assunto qualquer para reflexão, e por mais extravagante que este fosse, ele nunca renunciava a convertê-lo num pequeno ditado, que improvisava passeando pela sala de aula, atestando assim sua "maestria moral" e sua facilidade de redação.)

Afinidade carnavalesca do fragmento e do ditado: o ditado voltará aqui algumas vezes, como figura obrigatória da escrita social, farrapo da redação escolar.

O dinheiro

Pela pobreza, ele foi uma criança *dessocializada*, mas não desclassificada: não pertencia a nenhum meio (a B., lugar burguês, só ia nas férias: *em visita*, e como a um espetáculo); não participava dos valores da burguesia, que não podiam indigná-lo, já que eles só eram, a seus olhos, cenas de linguagem, pertencentes ao gênero romanesco; ele participava apenas de sua arte de viver (*1971*, II). Essa arte subsistia, incorruptível, em meio às crises de dinheiro; conhecíamos, não a miséria, mas o aperto; isto é: o terror dos prazos, os problemas de férias, de calçados, de livros escolares e mesmo de alimentação. Dessa privação *suportável* (o aperto sempre o é) saiu talvez uma pequena filosofia da compensação livre, da sobredeterminação dos prazeres, do *à-vontade* (que é precisamente o antônimo do aperto). Seu problema formador foi sem dúvida o dinheiro, não o sexo.

No plano dos valores, o dinheiro tem dois contrários (é um enantiossema): ele é energicamente condenado, sobretudo no teatro (muitas arremetidas contra o teatro de dinheiro, por volta de 1954), depois reabilitado, na esteira de Fourier, por reação contra os três moralismos que lhe são opostos: o marxista, o cristão e o freudiano (*SFL*, 90). Está claro, entretanto, que o que é proibido não é o dinheiro gasto, esbanjado, arrastado pelo próprio movimento da perda, abrilhantado pelo luxo de uma produção; o dinheiro se torna então, metaforicamente, ouro: o Ouro do Significante.

A nave Argo

Imagem frequente: a da nave Argo (luminosa e branca), cujas peças os Argonautas substituíam pouco a pouco, de modo que acabaram por ter uma nave inteiramente nova, sem precisar mudar-lhe o nome nem a forma. Essa nave Argo é muito útil: ela fornece a alegoria de um objeto eminentemente estrutural, criado não pelo gênio, a inspiração, a determinação, a evolução, mas por dois atos modestos (que não podem ser captados em nenhuma mística da criação): a *substituição* (uma peça expulsa a outra, como num paradigma) e a *nominação* (o nome não está de modo algum ligado à estabilidade das peças): à força de combinar, no interior de um mesmo nome, nada mais resta da *origem*: Argo é um objeto sem outra causa a não ser seu nome, sem outra identidade a não ser sua forma.

Outra Argo: tenho dois espaços de trabalho, um em Paris, outro no campo. De um a outro, nenhum objeto comum, pois nada é jamais transportado. Entretanto, esses lugares são idênticos. Por quê? Porque a disposição dos utensílios (papel, penas, carteiras, relógios, cinzeiros) é a mesma: é a estrutura do espaço que faz sua identidade. Esse fenômeno privado bastaria para esclarecer acerca do estruturalismo: o sistema prevalece sobre o ser dos objetos.

A arrogância

Ele não gosta dos discursos de vitória. Suportando mal a humilhação de qualquer pessoa, assim que uma vitória se delineia em algum lugar, ele tem vontade de estar *alhures* (se ele fosse deus, reviraria constantemente as vitórias — o que aliás Deus faz!). Transposta para o plano do discurso, a mais justa das vitórias se torna um mau valor de linguagem, uma *arrogância*: a palavra, encontrada em Bataille, que fala em algum lugar das arrogâncias da ciência, foi estendida a todos os discursos triunfantes. Sofro pois com três arrogâncias: a da Ciência, a da *Doxa*, a do Militante.

A *Doxa* (palavra que voltará frequentemente) é a Opinião pública, o Espírito majoritário, o *Consensus* pequeno-burguês, a Voz do Natural, a Violência do Preconceito. Pode-se chamar de *doxologia* (palavra de Leibnitz) toda maneira de falar adaptada à aparência, à opinião ou à prática.

Ele lamentava, às vezes, ter-se deixado intimidar por certas linguagens. Alguém lhe dizia então: mas sem isso você não teria podido escrever! A arrogância circula, como um vinho forte entre os convivas do texto. O intertexto compreende não apenas textos delicadamente escolhidos, secretamente amados, livres, discretos, generosos, mas também textos comuns, triunfantes. Você mesmo pode ser o texto arrogante de um outro texto.

Não é muito útil dizer: "ideologia dominante", pois é um pleonasmo: a ideologia nada mais é do que a ideia enquanto ela domina (*PlT*, 53). Mas posso sublinhar subjetivamente e dizer: *ideologia arrogante*.

O gesto do arúspice

Em *S/Z* (p. 20), a lexia (o fragmento de leitura) é comparada àquele trecho de céu recortado pelo bastão do arúspice. Essa imagem lhe agradou: devia ser lindo, outrora, aquele bastão apontado para o céu, isto é, para o inapontável; e, além disso, esse gesto é louco: traçar solenemente um limite do qual não sobra imediatamente *nada*, a não ser a remanência intelectual de um recorte, consagrar-se à preparação totalmente ritual e totalmente arbitrária de um sentido.

O assentimento, não a escolha

"De que se trata? Da guerra na Coreia. Um pequeno grupo de voluntários das forças francesas patrulha vagamente os matagais da Coreia do Norte. Um deles, ferido, é recolhido por uma menina coreana, que o leva à sua aldeia, onde os camponeses o acolhem: o soldado escolhe ficar entre eles, com eles. *Escolher* é pelo menos nossa linguagem. Não é exatamente a de Vinaver: de fato, não assistimos nem a uma escolha, nem a uma conversão, nem a uma deserção, mas antes a um *assentimento* progressivo: o soldado aquiesce ao mundo coreano que descobre..." (A propósito de *Aujourd'hui ou les Coréens*, de Michel Vinaver, 1956.)

Bem mais tarde (1974), por ocasião de uma viagem à China, ele tentou retomar essa palavra *assentimento*, para fazer com que os leitores do jornal *Le Monde* — isto é, *seu* mundo — compreendessem que ele não "escolhia" a China (faltavam-lhe demasiados elementos para esclarecer essa escolha), mas que ele *aquiescia* no silêncio (que chamou de "insipidez"), assim como o soldado de Vinaver, ao trabalho que lá se processava. Isso não foi compreendido: o que reclama o público intelectual é uma *escolha*: era preciso sair da China como um touro que salta do touril para a arena lotada: furioso ou triunfante.

Verdade e asserção

Seu mal-estar, por vezes agudo — chegando certas noites, depois de ter escrito o dia inteiro, até a uma espécie de medo —, vinha do sentimento de produzir um discurso duplo, cuja visada era de certa forma excedida pelo mundo: pois a visada de seu discurso não é a verdade, e esse discurso é entretanto assertivo.

(Trata-se de um constrangimento que ele sentiu desde muito cedo; ele se esforça por dominá-lo — sem o que deveria deixar de escrever — representando-se que é a linguagem que é assertiva, não ele. Que remédio irrisório, convenhamos todos, o de acrescentar a cada frase alguma cláusula de incerteza, como se algo vindo da linguagem pudesse fazer estremecer a linguagem.)

(Por um mesmo sentimento, a cada coisa que ele escreve, imagina que vai ferir um de seus amigos — nunca o mesmo: há um revezamento.)

A atopia

Fichado: estou fichado, fixado num lugar (intelectual), numa residência de casta (se não de classe). Contra isso, só uma doutrina interior: a da *atopia* (do habitáculo em deriva). A atopia é superior à utopia (a utopia é reativa, tática, literária, ela procede do sentido e o faz avançar).

A autonímia

A cópia enigmática, aquela que interessa, é a cópia desligada: ao mesmo tempo, ela reproduz e revolve: ela só pode reproduzir revirando, ela perturba o encadeamento infinito das réplicas. Esta tarde, os dois garçons do Flore vão tomar um trago no Bonaparte; um está com sua "dona", o outro esqueceu-se de pegar seus supositórios contra gripe; eles são servidos (Pernod e Martini) pelo jovem garçom do Bonaparte, que está em serviço ("Desculpe, não sabia que era sua dona"): a coisa circula, na familiaridade e na reflexividade, e no entanto os papéis permanecem forçosamente separados. Mil exemplos dessa *reverberação*, sempre fascinante: cabeleireiro sendo penteado, engraxate (no Marrocos) tendo os sapatos engraxados, cozinheira sendo alimentada, ator indo ao teatro no seu dia de folga, cineasta que vai ao cinema, escritor que lê livros; a Srta. M., datilógrafa idosa, não pode escrever sem rasura a palavra "rasura"; M., alcoviteiro, não encontra ninguém que lhe arranje (para seu uso pessoal) os sujeitos que ele fornece a seus clientes, etc. Tudo isso é a *autonímia*: o estrabismo inquietante (cômico e chato) de uma operação em círculo: algo como um anagrama, uma superimpressão invertida, um esmagamento de níveis.

O vagante

Antigamente um bonde branco fazia o trajeto de Bayonne a Biarritz; no verão, engatava-se a ele um vagão aberto, sem teto: o vagante. Grande alegria, toda gente queria ir nele: ao longo de uma paisagem pouco carregada, gozava-se ao mesmo tempo do panorama, do movimento, do ar. Hoje, nem o vagante nem o bonde existem mais, e a viagem de Biarritz é uma chatice. Isso não é para embelezar miticamente o passado, nem para dizer a saudade de uma juventude perdida, fingindo-se de saudade de um bonde. Isso é para dizer que a arte de viver não tem história: ela não evolui: o prazer que cai, cai para sempre, insubstituível. Outros prazeres vêm, que não substituem nada. *Não há progresso nos prazeres*, apenas mutações.

Quando eu brincava de barra...

Quando eu brincava de barra, no Luxemburgo, meu maior prazer não era provocar o adversário e oferecer-me temerariamente a seu direito de captura; era libertar os prisioneiros — o que tinha por efeito repor todos os participantes em circulação: o jogo recomeçava da estaca zero.

No grande jogo dos poderes da palavra, também se brinca de barra: uma linguagem só barra a outra temporariamente; basta que um terceiro apareça da fila, para que o atacante seja constrangido à retirada: no conflito das retóricas, a vitória é sempre *da terceira linguagem*. Essa linguagem tem por tarefa libertar os prisioneiros: dispersar os significados, os catecismos. Como no jogo de barras, *linguagem sobre linguagem*, infinitamente, tal é a lei que move a logosfera. De onde outras imagens: a da brincadeira de mão (mão em cima de mão: volta a terceira, não é mais a primeira), a do jogo da pedra, da folha e da tesoura, a da cebola, folheado de películas sem caroço. Que a diferença não seja paga por nenhuma sujeição: sem última réplica.

Nomes próprios

Uma parte de sua infância esteve presa a uma escuta particular: a dos nomes próprios da antiga burguesia baionesa, que ele ouvia repetidos o dia inteiro, por sua avó tomada de mundanismo provinciano. Esses nomes eram muito franceses, e mesmo nesse código, entretanto, frequentemente originais; eles formavam uma guirlanda de significantes estranhos a meus ouvidos (a prova está em que eu me lembro deles muito bem: por quê?): as Sras. Leboeuf, Barbet-Massin, Delay, Voulgres, Poques, Léon, Froisse, de Saint-Pastou, Pichoneau, Poymiro, Novion, Puchulu, Chantal, Lacape, Henriquet, Labrouche, de Lasbordes, Didon, de Ligneroles, Garance. Como se pode ter uma relação amorosa com os nomes próprios? Nenhuma suspeita de metonímia: essas senhoras não eram desejáveis, nem mesmo graciosas. E, no entanto, impossível ler um romance, ou Memórias, sem essa gula particular (lendo a Sra. de Genlis, vigio com interesse os nomes da antiga nobreza). Não é apenas uma linguística dos nomes próprios que se faz necessária; é também uma erótica: o nome, como a voz, como o odor, seria o termo de um langor: desejo e morte: "o último suspiro que resta das coisas", diz um autor do século passado.

Da bobagem, não tenho direito...

De um jogo musical ouvido todas as semanas em FM e que lhe parece "bobo", ele tira o seguinte: a bobagem seria o caroço duro e insecável, um *primitivo*: não é possível decompô-la *cientificamente* (se uma análise científica da bobagem fosse possível, toda a TV desmoronaria). O que é ela? Um espetáculo, uma ficção estética, talvez um fantasma? Talvez tenhamos vontade de nos incluir no quadro? É belo, é sufocante, é estranho; e da bobagem, eu não teria o direito de dizer, em suma, senão o seguinte: *que ela me fascina*. A fascinação seria o sentimento *justo* que deve inspirar-me a bobagem (se chegarmos a pronunciar seu nome): ela *me estreita* (ela é intratável, ninguém a barra, ela nos pega na brincadeira de mão).

O amor por uma ideia

Durante certo tempo, ele se entusiasmou pelo binarismo; o binarismo era para ele um verdadeiro objeto amoroso. Parecia-lhe que essa ideia nunca deveria cessar de ser explorada. Que se possa dizer tudo *com uma só diferença* produzia nele uma espécie de alegria, um espanto contínuo.

Como as coisas intelectuais se assemelham às coisas amorosas, no binarismo, o que lhe agradava era uma figura. Essa figura, ele a reencontrava, idêntica, na oposição dos valores. O que devia desviar (nele) a semiologia foi, primeiramente, o princípio de gozo: uma semiologia que renunciou ao binarismo não lhe concerne mais.

A jovem burguesa

Em plena agitação política, ele toca piano, faz aquarelas, todas as falsas ocupações de uma jovem burguesa do século XIX. — Inverto o problema: o que é que, nas práticas da jovem burguesa de outrora, excedia sua feminilidade e sua classe? Qual era a utopia desses comportamentos? A jovem burguesa produzia inutilmente, bobamente, para ela mesma, mas *ela produzia*: era sua forma particular de gasto.

O Amador

O Amador (aquele que pratica a pintura, a música, o esporte, a ciência, sem espírito de maestria ou de competição), o Amador reconduz seu gozo (*amator*: que ama e continua amando); não é de modo algum um herói (da criação, do desempenho); ele se instala *graciosamente* (por nada) no significante: na matéria imediatamente definitiva da música, da pintura; sua prática, geralmente, não comporta nenhum *rubato* (esse roubo do objeto em proveito do atributo); ele é — ele será, talvez — o artista contraburguês.

Reprimenda de Brecht a R. B.

R. B. parece querer sempre *limitar* a política. Não conhece o que Brecht parece ter escrito propositalmente para ele?

"Quero, por exemplo, viver com pouca política. Isso significa que eu não quero ser um sujeito político. Mas não que eu queira ser objeto de muita política. Ora, é preciso ser objeto ou sujeito de política; não há outra escolha; está excluído que se possa não ser nem um nem outro, ou os dois ao mesmo tempo; parece pois indispensável que eu faça política, e não me cabe nem mesmo determinar a quantidade de política que devo fazer. Assim sendo, é bem possível que minha vida inteira deva ser consagrada à política, ou mesmo ser a ela sacrificada." (*Escritos sobre a política e a sociedade*, p. 57.)

Seu lugar (seu *meio*) é a linguagem: é aí que ele toma ou rejeita, é aí que seu corpo *pode* ou *não pode*. Sacrificar sua vida de linguagem ao discurso político? Ele quer ser *sujeito*, mas não *falador* político (o *falador*: aquele que debita seu discurso, o conta, e ao mesmo tempo o notifica, o assina). E é porque ele não consegue descolar o real político de seu discurso geral, *repetido*, que o político lhe é vedado. Entretanto, desse impedimento, ele pode pelo menos tirar o sentido político daquilo que ele escreve: é como se ele fosse a testemunha histórica de uma contradição: a de um sujeito político *sensível, ávido e silencioso* (não se deve separar essas palavras).

O discurso político não é o único que se repete, se generaliza, se cansa: assim que ocorre, em algum lugar, uma mutação do discurso, segue-se uma vulgata e seu cortejo esgotante de frases imóveis. Se esse fenômeno comum lhe parece especialmente intolerável no caso do discurso político, é que nele a repetição toma o jeito de um *cúmulo*: dando-se o político como ciência fundamental do real, nós o dotamos fantasmaticamente de um último poder: o de reprimir a linguagem, de reduzir qualquer conversa a seu resíduo de real. Como então tolerar sem mágoa que o político entre também na categoria das linguagens, e vire Balbucio?

(Para que o discurso político não se prenda à repetição, é preciso condições raras: que ele próprio institua um novo modo de discursividade: é o caso de Marx; ou então, mais modestamente, que, por uma simples *inteligência* da linguagem — pela ciência de seus efeitos próprios —, um autor produza um texto político ao mesmo tempo estrito e livre, que assuma a marca de sua singularidade estética, como se ele inventasse e variasse o que foi dito: é o caso de Brecht, nos *Escritos sobre a política e a sociedade*; ou ainda, que o político, numa profundidade obscura e como que inverossímil, arme e transforme a própria matéria da linguagem: é o Texto, aquele de Sollers (*Lois*), por exemplo.

A chantagem à teoria

Muitos textos de vanguarda (ainda não publicados) são *incertos*: como julgá-los, retê-los, como predizer-lhes um futuro, imediato ou longínquo? Eles agradam? Aborrecem? Sua qualidade evidente é de ordem intencional: eles se apressam a servir à teoria. No entanto, essa qualidade é *também* uma chantagem (uma chantagem à teoria): goste de mim, guarde-me, defenda-me, já que eu sou conforme à teoria que você reclama; não estou fazendo o que fizeram Artaud, Cage, etc.? — Mas Artaud não é somente "vanguarda"; é *também* escritura; Cage tem *também* sedução... — Esses são atributos que, *precisamente*, não são reconhecidos pela teoria, por vezes são mesmo vomitados por ela. Conceda-me ao menos seu gosto e suas ideias, etc. (*A cena continua, infinita.*)

Carlitos

Quando criança, ele não gostava muito dos filmes de Carlitos; foi mais tarde que, sem fechar os olhos para a ideologia trapalhona e lenitiva da personagem (*My*, 40), ele achou uma espécie de delícia nessa arte, ao mesmo tempo muito popular (ela o foi) e muito astuta; era uma arte *composta*, que arrebanhava vários gostos, várias linguagens. Tais artistas provocam uma alegria completa, porque eles dão a imagem de uma cultura ao mesmo tempo diferencial e coletiva: plural. Essa imagem funciona então como o terceiro termo, o termo subversivo da oposição em que estamos enclausurados: cultura de massa *ou* cultura superior.

O pleno do cinema

Resistência ao cinema: o próprio significante é nele sempre, por natureza, liso, qualquer que seja a retórica dos planos; é, sem remissão, um *continuum* de imagens; a película (bem denominada: é uma pele sem brecha) *segue*, como uma fita tagarela: impossibilidade estatutária do fragmento, do haicai. Certos constrangimentos de representação (análogos às rubricas obrigatórias da língua) obrigam a receber tudo: de um homem que caminha sobre a neve, antes mesmo de ele significar, tudo me é dado; na escritura, pelo contrário, não sou obrigado a ver como são as unhas do herói — mas, se lhe der vontade, o Texto me diz, e com que força, as unhas demasiadamente compridas de Hölderlin.

(Mal acabo de escrever isso e já me parece uma confissão imaginária; eu devia tê-lo enunciado como uma fala sonhadora, que procurasse saber por que resisto ou desejo; infelizmente, estou condenado à asserção: falta, em francês (e talvez em qualquer língua), um modo gramatical que dissesse levemente (nosso condicional é pesado demais), não a dúvida intelectual, mas o valor que procura converter-se em teoria.)

Cláusulas

Frequentemente, nas *Mitologias*, o político está no fecho do texto (por exemplo: "Vê-se que as 'belas imagens' de *Continent perdu* não podem ser inocentes: não pode ser inocente *perder* o continente que se reencontrou em Bandoeng"). Esse gênero de cláusulas tem sem dúvida uma tripla função: retórica (o quadro se fecha decorativamente), sinalética (as análises temáticas são recuperadas, *in extremis*, por um projeto de engajamento) e econômica (tenta-se substituir a dissertação política por uma elipse mais leve; a menos que essa elipse seja apenas o processo desenvolto pelo qual se dispensa uma demonstração *óbvia*).

No *Michelet*, a ideologia desse autor era despachada numa página (inicial). R. B. guarda e evacua o sociologismo político: guarda-o como assinatura, evacua-o como tédio.

A coincidência

Toco piano e gravo; no começo, por curiosidade de *me ouvir*; mas logo deixo de me ouvir; o que ouço é, por mais que isso pareça pretensioso, o *estar-ali* de Bach ou de Schumann, a materialidade pura de sua música; porque se trata de minha enunciação, o predicado perde toda pertinência; em compensação, fato paradoxal, se escuto Richter ou Horowitz, mil adjetivos me vêm: ouço a eles e não a Bach ou Schumann. — Que acontece então? Quando eu me escuto *tendo tocado* — passado um primeiro momento de lucidez em que percebo um a um os erros que cometi —, produz-se uma espécie de coincidência rara: o passado de minha execução coincide com o presente de minha escuta, e nessa coincidência se abole o comentário: não resta mais do que a música (é óbvio que o que resta não é, de modo algum, a "verdade" do texto, como se eu tivesse encontrado o "verdadeiro" Schumann ou o "verdadeiro" Bach).

Quando finjo escrever sobre o que outrora escrevi, acontece, do mesmo modo, um movimento de abolição, não de verdade. Não procuro pôr minha expressão presente a serviço de minha verdade anterior (em regime clássico, ter-se-ia santificado esse esforço sob o nome de *autenticidade*), renuncio à perseguição extenuante de um antigo pedaço de mim mesmo, não procuro *restaurar*-me (como se diz de um monumento). Não digo: "Vou descrever-me", mas: "Escrevo um texto e o chamo de R. B." Dispenso a imitação (a descrição) e me confio à nominação. Então eu não sei que *no campo do sujeito não há referente*? O fato (biográfico, textual) se abole no significante, porque ele

• Gozo gráfico: antes da pintura, a música.

coincide imediatamente com este: *escrevendo-me*, apenas repito a operação extrema pela qual Balzac, em *Sarrasine*, fez "coincidir" a castração e a castratura: sou eu mesmo meu próprio símbolo, sou a história que me acontece: em roda-livre na linguagem, não tenho nada com que me comparar; e, nesse movimento, o pronome do imaginário, "eu", se acha *im-pertinente*; o simbólico se torna, ao pé da letra, *imediato*: perigo essencial para a vida do sujeito: escrever sobre si pode parecer uma ideia pretensiosa; mas é também uma ideia simples: simples como uma ideia de suicídio.

Um dia, por falta do que fazer, consultei o *I Ching* sobre meu projeto. Tirei o hexagrama 29: K'an, *The Perilous Chasm*: perigo! voragem! abismo! (o trabalho tomado pela magia: *pelo perigo*).

Comparação é razão

Ele faz uma aplicação ao mesmo tempo estrita e metafórica, literal e vaga, da linguística a qualquer objeto afastado: a erótica de Sade, por exemplo (*SFL*, 34) — o que o autoriza a falar de uma *gramática sadiana*. Do mesmo modo, ele aplica o sistema linguístico (*paradigma/sintagma*) ao sistema estilístico, e classifica as correções de autor segundo os dois eixos do papel (*NEC*, 138); ainda do mesmo modo, ele se diverte colocando uma correspondência entre noções fourieristas e gêneros medievais (o *resumo-abreviado* e o *ars minor*, *SFL*, 95). Ele não inventa, nem mesmo combina, ele traslada: para ele, comparação é razão: ele gosta de *deportar* o objeto, por uma espécie de imaginação que é mais homológica do que metafórica (comparam-se sistemas, não imagens); por exemplo, se ele fala de Michelet, faz com Michelet o que pretende que Michelet tenha feito com a matéria histórica: ele opera por deslizamento total, ele acaricia (*Mi*, 28).

Ele mesmo por vezes se traduz, redobra uma frase por outra frase (por exemplo: "Mas se eu gostasse da demanda? Se eu tivesse algum apetite maternal?", *PlT*, 43). É como se, querendo resumir-se, não o conseguisse, e acumulasse resumo sobre resumo, por não saber qual o melhor.

Verdade e consistência

"A verdade está na consistência", diz Poe (*Eureka*). Portanto, aquele que não suporta a consistência se fecha a uma ética da verdade; ele larga a palavra, a oração, a ideia, logo que elas *pegam* e passam ao estado de sólido, de *estereótipo* (*stereos* quer dizer *sólido*).

Contemporâneo do quê?

Marx: "Assim como os povos antigos viveram sua pré-história na imaginação, na *mitologia*, nós alemães vivemos nossa pós--história em pensamento, na filosofia. Somos contemporâneos *filosóficos* do presente, sem ser seus contemporâneos *históricos.*" Do mesmo modo, sou apenas o contemporâneo imaginário de meu próprio presente: contemporâneo de suas linguagens, de suas utopias, de seus sistemas (isto é, de suas ficções), em suma, de sua mitologia ou de sua filosofia, mas não de sua história, da qual só habito o reflexo dançante: *fantasmagórico.*

Elogio ambíguo do contrato

A primeira imagem que ele tem do *contrato* (do pacto) é, em suma, objetiva: o signo, a língua, a narrativa, a sociedade funcionam por contrato, mas como esse contrato está, na maioria das vezes, mascarado, a operação crítica consiste em decifrar o embaraço das razões, dos álibis, das aparências, por uma só palavra, de todo o *natural* social, para tornar manifesta a troca regulamentada sobre a qual repousam a marcha semântica e a vida coletiva. Entretanto, num outro nível, o contrato é um mau objeto: é um valor burguês, que apenas legaliza uma espécie de talião econômico: *dar e receber,* diz o Contrato burguês: sob o elogio da Contabilidade, da Rentabilidade, é preciso portanto ler o Vil, o Mesquinho. Ao mesmo tempo ainda, e num último nível, o contrato é constantemente desejado, como a justiça de um mundo afinal "regular": gosto do contrato nas relações humanas, grande segurança desde que um contrato possa ser estabelecido, repugnância a receber sem dar, etc. Nesse ponto — já que o corpo aí intervém diretamente — o modelo do bom contrato é o contrato de Prostituição. Pois esse contrato, declarado imoral por todas as sociedades e todos os regimes (exceto os muito arcaicos), libera realmente daquilo que se poderia denominar os *embaraços imaginários* da troca: como saber qual o desejo do outro, *aquilo que sou para ele*? O contrato suprime essa vertigem: ele é, em suma, a única posição que o sujeito pode manter sem cair nas duas imagens inversas mas igualmente abomináveis: a do "egoísta" (que pede, sem se preocupar com dar) e a do "santo" (que dá, proibindo-se de jamais pedir algo): o discurso do contrato elude assim duas plenitudes; ele permite observar a regra de ouro de toda *habitação*, decifrada no corredor de Shikidai: "Nenhum querer-agarrar e, no entanto, nenhuma oblação." (*EpS*, 149.)

O contratempo

Seu sonho (confessável?) seria transportar, para uma sociedade socialista, certos *encantos* (não digo: valores) da arte de viver burguesa (eles existem — existiam alguns): é o que ele chama de *contratempo*. Opõe-se a esse sonho o espectro da Totalidade, que exige que o fato burguês seja condenado *em bloco*, e que toda escapada do Significante seja punida como um passeio do qual se traz a mácula.

Não seria possível gozar da cultura burguesa (deformada), *como de um exotismo*?

Meu corpo só existe...
Meu corpo só existe para mim mesmo sob duas formas correntes: a enxaqueca e a sensualidade. Não são dois estados inéditos, mas, pelo contrário, muito medidos, acessíveis ou remediáveis, como se num e noutro caso a gente decidisse abandonar as imagens gloriosas ou malditas do corpo. A enxaqueca não é mais do que o primeiro grau da dor física, e a sensualidade é geralmente considerada apenas como uma sobra do gozo.

Por outros termos, meu corpo não é um herói. O caráter leve, difuso, da dor ou do prazer (a enxaqueca também *acaricia* certos dias meus) opõe-se a que o corpo se constitua como lugar estranho, alucinado, sede de transgressões agudas; a enxaqueca (chamo assim, de modo inexato, a simples dor de cabeça) e o prazer sensual são apenas cenestesias, encarregadas de individualizar meu próprio corpo, sem que ele possa glorificar-se com nenhum perigo: meu corpo é debilmente teatral para si mesmo.

O corpo plural
"Que corpo? Temos vários." (*PlT*, 39.) Tenho um corpo digestivo, tenho um corpo nauseante, um terceiro cefalálgico, e assim por diante: sensual, muscular (a mão do escritor), humoral, e sobretudo: *emotivo*: que fica emocionado, agitado, entregue ou exaltado, ou atemorizado, sem que nada transpareça. Por outro lado, sou cativado até o fascínio pelo corpo socializado, o corpo mitológico, o corpo artificial (o dos travestis japoneses) e o corpo prostituído (o do ator). E, além desses corpos públicos (literários, escritos), tenho, por assim dizer, dois corpos locais: um corpo parisiense (alerta, cansado) e um corpo camponês (descansado, pesado).

A costeleta
Eis o que fiz um dia com meu corpo:
Em Leysin, em 1945, para me fazerem um pneumotórax extrapleural, tiraram-me um pedaço de costela, que me foi depois

devolvido solenemente, enrolado num pouco de gaze cirúrgica (os médicos, suíços, é verdade, professavam assim que *meu corpo me pertence*, qualquer que seja o estado despedaçado em que eles mo devolvam: sou proprietário de meus ossos, na vida como na morte). Guardei durante muito tempo, numa gaveta, esse pedaço de mim mesmo, espécie de pênis ósseo análogo à ponta de uma costeleta de cordeiro, não sabendo o que fazer dele, não ousando me livrar dele por medo de atentar contra minha pessoa, embora me fosse bastante inútil ficar fechado assim numa escrivaninha, em meio a objetos "preciosos" tais como velhas chaves, um boletim escolar, o carnê de baile nacarado e o porta-cartões de tafetá rosa de minha avó B. E depois, um dia, compreendendo que a função de toda gaveta é de suavizar, de aclimatar a morte dos objetos, fazendo-os passar por uma espécie de lugar piedoso, de capela empoeirada onde, sob pretexto de os manter vivos, arranjamo-lhes um tempo decente de triste agonia, mas não indo até ousar jogar esse pedaço de mim mesmo na lata de lixo comum do prédio, lancei a costeleta e sua gaze do alto do balcão, como se estivesse dispersando romanticamente minhas próprias cinzas, na rua Servandoni, onde algum cachorro deve ter vindo farejá-las.

A curva louca da imago

R. P., professor da Sorbonne, considerava-me, em seu tempo, como um impostor. T. D., por sua vez, me toma por um professor da Sorbonne.

(Não é a diversidade das opiniões que espanta e excita; é sua exata contrariedade; é o caso de exclamar: *é o cúmulo!* — Isso seria um gozo propriamente *estrutural* — ou trágico.)

Pares de palavras-valores

Parece que certas línguas comportam enantiossemas, palavras que têm a mesma forma e sentidos contrários. Do mesmo modo, nele, uma palavra pode ser boa ou má, sem prevenir: a "burguesia" é boa, quando a revemos em seu ser histórico, ascensional, progressista; ela é má, quando está garantida. Às vezes, por sorte, a própria língua fornece a bifurcação de uma palavra dupla: a "estrutura", um bom valor no começo, ficou desacreditada quando se tornou claro que muita gente a considerava como uma forma imóvel (um "plano", um "esquema", um "modelo"); felizmente havia "estruturação" para substituí-la, implicando o valor forte por excelência: o *fazer*, o gasto perverso ("para nada").

Da mesma forma, e mais especialmente, não é o *erótico* mas a *erotização* que é o valor certo. A erotização é uma produção do erótico: leve, difusa, mercurial; circula sem coagular-se: um *flirt* múltiplo e móvel liga o sujeito ao que passa, finge retê-lo, depois o larga por outra coisa (e depois, por vezes, essa paisagem cambiante é cortada, trinchada por uma brusca imobilidade: o amor).

A dupla crueza

O cru remete igualmente ao alimento e à linguagem. Dessa anfibologia ("preciosa"), ele tira um jeito de voltar a seu velho problema: o do *natural*.

No campo da linguagem, a denotação só é realmente atingida pela linguagem sexual de Sade (*SFL*, 137); em outros lugares, é apenas um artefato linguístico; ela serve então para fantasmar o *natural* puro, ideal, crível, da linguagem, e corresponde, no campo da alimentação, ao cru dos legumes e da carne, imagem não menos pura da Natureza. Mas esse estado adâmico dos alimentos e das palavras é *insustentável*: a crueza é imediatamente recuperada como signo dela própria: a linguagem crua é uma linguagem pornográfica (mimando histericamente o gozo do amor), e os legumes crus são apenas valores mitológicos da refeição civilizada ou ornatos estéticos da bandeja japonesa. O cru passa pois à categoria abominada do pseudonatural: daí, grande aversão pela crueza da linguagem e da carne.

Decompor/destruir

Admitamos que a tarefa histórica do intelectual (ou do escritor) seja hoje a de manter e acentuar a *decomposição* da consciência burguesa. É preciso então conservar toda a precisão dessa imagem; isso quer dizer que se finge voluntariamente permanecer no interior dessa consciência, e que se vai desmantelá-la, abatê-la, desmoroná-la, por dentro, como se faria com um cubo de açúcar embebendo-o de água. A *decomposição* se opõe portanto, aqui, à *destruição*; para destruir a consciência burguesa, é preciso ausentar-se dela, e essa exterioridade só é possível numa situação revolucionária: na China, hoje, a consciência de classe está em vias de destruição, não de decomposição; mas alhures (aqui e agora), *destruir* não seria, afinal, mais do que reconstituir um lugar de fala cujo único caráter seria a exterioridade: exterior e imóvel: assim é a linguagem dogmática. Para destruir, em suma, é preciso poder *saltar*. Mas saltar para onde? Para que linguagem? Para que lugar da boa consciência e da má-fé? Ao passo que, decompondo, aceito acompanhar essa decomposição, decompor-me eu mesmo, simultaneamente; derrapo, agarro-me e arrasto.

A deusa H.

O poder de gozo de uma perversão (no caso, a dos dois H: homossexualidade e haxixe) é sempre subestimado. A Lei, a Doxa, a Ciência não querem compreender que a perversão, simplesmente, *faz feliz*; ou, para ser mais preciso, ela produz um *mais*: sou mais sensível, mais perceptivo, mais loquaz, mais divertido, etc. — e, nesse *mais*, vem alojar-se a diferença (e, portanto, o Texto da vida, a vida como texto). Desde então, é uma deusa, uma figura invocável, uma via de intercessão.

Os amigos

Ele busca uma definição para o termo "moralidade" que leu em Nietzsche (a moralidade do corpo nos gregos antigos), e que ele opõe à moral; mas não consegue conceitualizá-lo; pode apenas atribuir-lhe uma espécie de campo de exercício, uma *tópica*. Esse campo é para ele, ao que tudo indica, o da amizade, ou melhor (pois essa palavra de versão latina é muito rígida, muito pudica): dos amigos (falando deles, nunca posso deixar de me tomar, de os tomar, numa contingência — uma diferença). Nesse espaço dos afetos *cultivados*, ele encontra a prática daquele novo sujeito cuja teoria se busca hoje: os amigos formam entre si uma rede, e cada um deve captar-se nela como *exterior/interior*, submetido por cada conversa à questão da heterotopia: onde estou dentre os desejos? Onde estou com relação ao desejo? A pergunta me é colocada pelo desenvolvimento de mil peripécias de amizade. Assim se escreve dia a dia um texto ardente, um texto mágico, que nunca terminará, imagem brilhante do Livro liberto.

Assim como se decompõe o odor da violeta ou o gosto do chá, um e outro aparentemente tão especiais, tão inimitáveis, tão *inefáveis*, em alguns elementos cuja combinação sutil produz toda a identidade da substância, assim ele adivinhava que a identidade de cada amigo, que o tornava *amável*, dependia de uma combinação delicadamente dosada, e desde então absolutamente original, de traços miúdos reunidos em cenas fugidias, no dia a dia. Cada um desenvolvia assim, diante dele, a encenação brilhante de sua originalidade.

Por vezes, na velha literatura, encontra-se esta expressão aparentemente estúpida: *a religião da amizade* (fidelidade, heroísmo, ausência de sexualidade). Mas já que, da religião, subsiste apenas o fascínio do rito, ele gostava de conservar os pequenos ritos da amizade: festejar com um amigo a libertação de uma tarefa, o afastamento de uma preocupação: a celebração acentua o acontecimento, acrescenta-lhe um suplemento inútil, um gozo perverso. Assim, por magia, este fragmento foi escrito por último, depois de todos os outros, como uma espécie de dedicatória (3 de setembro de 1974).

É preciso fazer um esforço para falar da amizade como de uma simples *tópica*: isso me desliga do campo da afetividade — que não poderia ser dita *sem embaraço*, porque ela pertence à ordem do imaginário (ou melhor: reconheço, pelo meu embaraço, que o imaginário está perto: estou quente).

A relação privilegiada

Ele não buscava a relação exclusiva (posse, ciúme, cenas); também não buscava a relação generalizada, comunitária; o que ele queria era, a cada vez, uma relação privilegiada, marcada por uma diferença sensível, levada ao estado de uma espécie de inflexão afetiva absolutamente singular, como a de uma voz de timbre incomparável; e, coisa paradoxal, ele não via nenhum obstáculo em multiplicar essa relação privilegiada: tudo era privilégio, em suma; a esfera amical estava assim povoada de relações duais (daí uma grande perda de tempo: era preciso ver os amigos um a um: resistência ao grupo, à turma, à festinha). O que se buscava era um plural sem igualdade, sem in-diferença.

Transgressão da transgressão

Liberação política da sexualidade: é uma dupla transgressão, do político pelo sexual, e reciprocamente. Mas isso não é nada: imaginemos agora que se reintroduzisse no campo político--sexual assim descoberto, reconhecido, percorrido, liberado... *um toque de sentimentalismo*: não seria a *última* das transgressões? A transgressão da transgressão? Pois, no final das contas, seria o *amor*: que voltaria: *mas num outro lugar*.

O segundo grau e os outros

Escrevo: este é o primeiro grau da linguagem. Depois, escrevo que *escrevo*: é o segundo grau. (Já em Pascal: "Pensamento escapado, queria escrevê-lo; escrevo, em vez disso, que ele me escapou.")

Fazemos, hoje em dia, um enorme consumo desse segundo grau. Boa parte de nosso trabalho intelectual consiste em fazer suspeitar de qualquer enunciado, revelando o escalonamento de seus graus; esse escalonamento é infinito e esse abismo aberto a cada palavra, essa loucura da linguagem, nós a denominamos cientificamente: *enunciação* (abrimos esse abismo *primeiramente* por uma razão tática: desfazer a enfatuação de nossos enunciados, a arrogância de nossa ciência).

O segundo grau é também um modo de viver. Basta recuar um ponto de um propósito, de um espetáculo, de um corpo, para revirar totalmente o gosto que por ele podíamos ter, o sentido que poderíamos dar-lhe. Existem eróticas, estéticas do segundo grau: (o *kitsch*, por exemplo). Podemos até mesmo nos tornar maníacos do segundo grau: rejeitar a denotação, a espontaneidade, o balbucio, a banalidade, a repetição inocente, e só tolerar as linguagens que testemunham, mesmo que levemente, de um poder de desencaixe: a paródia, a anfibologia, a citação sub-reptícia. Assim que ela se pensa, a linguagem se torna corrosiva. Com uma condição, entretanto: que ela não cesse de fazê-lo, *indefinidamente*. Pois se paro no segundo grau, mereço a acusação de intelectualismo (dirigida pelo budismo contra toda reflexividade simples); mas se retiro a trava de segurança (da razão, da ciência, da moral), se ponho a enunciação *em roda-livre*, abro então o caminho para um desligamento sem fim, elimino *a boa consciência da linguagem*.

Todo discurso está preso ao jogo dos graus. Podemos chamar esse jogo de *batimologia*. Um neologismo não é demais, se chegarmos à ideia de uma ciência nova: a dos escalonamentos de linguagem. Essa ciência será inédita, pois ela abalará as instâncias habituais da expressão, da leitura e da escuta ("verdade", "realidade", "sinceridade"); seu princípio será uma sacudida: ela passará por cima, como se pula um degrau, de toda *expressão*.

A denotação como verdade da linguagem

Na casa do farmacêutico de Falaise, Bouvard e Pécuchet submetem a pasta de jujuba à prova d'água: "ela tomou a aparência de uma crosta de toicinho, o que denotava gelatina."

A denotação seria um mito científico: o de um estado "verdadeiro" da linguagem, como se toda frase trouxesse em si um *etymon* (origem e verdade). *Denotação/conotação*: esse duplo conceito só tem valor no campo da verdade. Cada vez que preciso experimentar uma mensagem (desmistificá-la), submeto-a a alguma instância exterior, reduzo-a a uma espécie de torresmo desgracioso, que forma seu substrato verdadeiro. A oposição, portanto, só tem uso no âmbito de uma operação crítica análoga a uma experiência de análise química: cada vez que acredito na verdade, preciso da denotação.

Sua voz

(Não se trata da voz de ninguém. — Ora não! justamente: trata-se, trata-se sempre da voz de alguém.)

Procuro, pouco a pouco, *dizer* sua voz. Tento uma aproximação adjetiva: ágil, frágil, juvenil, um pouco entrecortada? Não, não é exatamente isso; melhor: *superculta*, com um leve sabor inglês. E aquela: breve? Sim, se desenvolvo: estava tensa nessa brevidade, não a torção (a careta) de um corpo que se domina e se afirma, mas, pelo contrário, a queda esgotante do sujeito sem linguagem e que oferece a ameaça de afasia sob a qual ele se debate: ao contrário da primeira, era uma voz *sem retórica* (mas não sem ternura). Para todas essas vozes, seria preciso inventar a metáfora exata, aquela que, uma vez encontrada, nos possui para sempre; mas não encontro, tão grande é a ruptura entre as palavras que me vêm da cultura e esse ser estranho (será ele apenas sonoro?) que rememoro fugitivamente em meus ouvidos.

Essa impotência viria do seguinte: a voz está sempre *já* morta, e é por denegação desesperada que a chamamos viva; a essa perda irremediável, damos o nome de *inflexão*: a inflexão é a voz naquilo que ela tem de sempre passada, calada. Por aí se pode compreender o que é a *descrição*: ela se esgota a dar o caráter mortal do objeto, fingindo (ilusão por reviravolta) acreditá-lo, desejá-lo vivo: "fazer vivo" quer dizer "ver morto". O adjetivo é o instrumento dessa ilusão; diga o que disser, por sua simples qualidade descritiva, o adjetivo é fúnebre.

Destacar

Destacar é o gesto essencial da arte clássica. O pintor "destaca" um traço, uma sombra, se for preciso amplia, transforma e cria assim uma obra; e mesmo se a obra for uniforme, insignificante ou natural (um objeto de Duchamp, uma superfície monocromática), como ela sai sempre, quer se queira quer não, fora de um contexto físico (uma parede, uma rua), ela será fatalmente consagrada como obra. Nisso a arte está no oposto das ciências sociológicas, filológicas, políticas, que não cessam de *integrar* o que elas distinguiram (elas só o distinguem para melhor o integrar). Portanto, a arte não seria nunca paranoica, mas sempre perversa, fetichista.

Dialéticas

Tudo parece indicar que seu discurso funciona segundo uma dialética de dois termos: a opinião corrente e seu contrário, a Doxa e o paradoxo, o estereótipo e a inovação, o cansaço e o frescor, o gosto e o desgosto: *gosto/não gosto*. Essa dialética binária é a própria dialética do sentido (*marcado/não marcado*) e do jogo freudiano (*Fort/Da*): a dialética do valor.

Entretanto, será verdade? Nele, uma outra dialética se esboça, procura enunciar-se: a contradição dos termos cede a seus olhos pela descoberta de um terceiro termo, que não é de síntese mas de *deportação*: tudo retorna, mas retorna como Ficção, isto é, numa outra volta da espiral.

Plural, diferença, conflito

Ele recorre frequentemente a uma espécie de filosofia, vagamente intitulada de *pluralismo*.

Quem sabe se essa insistência no plural não é uma maneira de negar a dualidade sexual? A oposição dos sexos não deve ser uma lei da Natureza; é preciso, pois, dissolver as confrontações e os paradigmas, pluralizar ao mesmo tempo os sentidos e os sexos: o sentido caminhará para sua multiplicação, sua dispersão (na teoria do Texto), e o sexo não ficará preso a nenhuma tipologia (por exemplo, não haverá mais do que homossexualidades, cujo plural desmontará todo discurso constituído, centrado, a tal ponto que lhe parece até inútil falar disso).

Do mesmo modo, a *diferença*, palavra insistente e muito louvada, vale sobretudo porque ela dispensa ou supera o conflito. O conflito é sexual, semântico; a diferença é plural, sensual e textual; o sentido, o sexo são princípios de construção, de constituição; a diferença é o próprio jeito de uma pulverização, de uma dispersão, de uma cintilação; não se trata mais de reencontrar, na leitura do mundo e do sujeito, simples oposições, mas transbordamentos, superposições, escapes, deslizamentos, deslocamentos, derrapagens.

Segundo Freud (*Moisés*), um pouco de diferença leva ao racismo. Mas muitas diferenças afastam dele, irremediavelmente. Igualar, democratizar, massificar, todos esses esforços não conseguem expulsar "a menor diferença", germe da intolerância racial. O que é preciso é pluralizar, sutilizar, sem freios.

O gosto pela divisão

Gosto pela divisão: as parcelas, as miniaturas, os contornos, as precisões brilhantes (tal é o efeito produzido pelo haxixe, segundo Baudelaire), a vista dos campos, as janelas, o haicai, o traço, a escrita, o fragmento, a fotografia, o palco à italiana, em suma, o que se quiser, todo o articulado do semanticista ou todo o material do fetichista. Esse gosto é decretado progressista: a arte das classes ascendentes procede por emolduramento (Brecht, Diderot, Eisenstein).

No piano, o dedilhado...
No piano, o "dedilhado" não designa de modo algum um valor de elegância e de delicadeza (o que se chama então: "toque"), mas somente um modo de numerar os dedos que devem tocar tal ou tal nota; o dedilhado estabelece, de um modo refletido, o que se tornará um automatismo: é em suma o programa de uma máquina, uma inscrição animal. Ora, se eu toco mal — além da ausência de velocidade, que é um puro problema muscular —, é porque nunca tenho o dedilhado escrito: improviso cada vez que toco, bem ou mal, o lugar de meus dedos, e então nunca posso tocar nada sem errar. A razão disso é que, evidentemente, quero uma fruição sonora imediata e recuso o tédio do treinamento, porque o treinamento impede a fruição — com vistas, é verdade e segundo se diz, a uma fruição ulterior maior (assim como os deuses a Orfeu, diz-se ao pianista: não te voltes *prematuramente* para os efeitos de tua execução). A peça, na perfeição sonora que para ela imaginamos sem jamais a atingir realmente, age então como uma ponta de fantasma: submeto-me alegremente à palavra de ordem do fantasma: "*Imediatamente!*", mesmo que isso me custe uma considerável perda de realidade.

O mau objeto
A Doxa (a Opinião), de que ele faz grande uso em seu discurso, é apenas um "*mau objeto*": nenhuma definição pelo conteúdo, apenas pela forma, e essa forma má é sem dúvida: a repetição. — Mas o que se repete é por vezes bom? O *tema*, que é um bom objeto crítico, não é algo que se repete? — É boa a repetição que vem do corpo. A Doxa é um mau objeto porque é uma

repetição morta, que não vem do corpo de ninguém — a não ser, precisamente, do corpo dos Mortos.

Doxa/paradoxa

Formações reativas: uma *doxa* (uma opinião corrente) é formulada, insuportável; para me livrar dela, postulo um paradoxo; depois esse paradoxo se torna grudento, vira ele próprio uma nova concreção, uma nova *doxa*, preciso ir mais longe em direção a um novo paradoxo.

Refaçamos esse percurso. Na origem da obra, a opacidade das relações sociais, a falsa Natureza; a primeira sacudida é pois para desmistificar (*Mitologias*); depois, como a desmistificação se imobiliza numa repetição, é ela que deve ser deslocada: a *ciência* semiológica (então postulada) tenta abalar, vivificar, armar o gesto, a pose mitológica, dando-lhe um método; essa ciência, por sua vez, se embaraça com todo um imaginário: ao desejo de uma ciência semiológica sucede a ciência (tantas vezes tristíssima) dos semiólogos; é preciso pois desligar-se dela, introduzir nesse imaginário racionalista a semente do desejo, a reivindicação do corpo; é então o Texto, a teoria do Texto. Mas novamente o Texto corre o risco de se imobilizar: ele se repete, se troca em miúdo em textos opacos, testemunhos de uma solicitação de leitura, não de um desejo de agradar: o Texto tende a degenerar em Balbucio. Para onde ir? É aí que estou.

O Borboletear

É incrível o poder de diversão de um homem cujo trabalho aborrece, intimida ou embaraça: trabalhando no campo (em quê? relendo-me, infelizmente!), eis a lista das diversões que suscito de cinco em cinco minutos: vaporizar uma mosca, cortar as unhas, comer uma ameixa, ir urinar, verificar se a água da torneira continua lamacenta (faltou água hoje), ir à farmácia, descer até o jardim para ver quantos pêssegos amadureceram

na árvore, olhar o jornal, fabricar um dispositivo para prender minhas fichas, etc.: *eu paquero*.
(A paquera vem daquela paixão que Fourier chamava de Variante, Alternante ou Borboleteante.)

Anfibologias

A palavra "inteligência" pode designar uma faculdade de intelecção ou uma cumplicidade (*estar em inteligência com...*); em geral, o contexto obriga a escolher um dos dois sentidos e a esquecer o outro. R. B., pelo contrário, cada vez que encontra uma dessas palavras duplas, faz com que a palavra conserve seus dois sentidos, como se um deles piscasse o olho para o outro, e como se o sentido da palavra estivesse nessa piscadela, que faz com que *uma mesma palavra, numa mesma frase*, queira dizer *ao mesmo tempo* duas coisas diferentes, e que se desfrute, semanticamente, uma delas através da outra. Eis por que se diz, repetidas vezes, que essas palavras são "preciosamente ambíguas": não por essência léxica (pois qualquer palavra do léxico tem vários sentidos), mas porque, graças a uma espécie de *sorte*, de boa disposição, não da língua mas do discurso, posso *atualizar* sua anfibologia, dizer "inteligência" fingindo referir-me principalmente ao sentido intelectivo, mas dando a entender o sentido de cumplicidade.

Essas anfibologias são extremamente (anormalmente) numerosas: *Álibi* (outro lugar e justificação policial), *Alienação* ("boa palavra, ao mesmo tempo social e mental"), *Alimentar* (um rifle e uma conversa), *Ausência* (falta da pessoa e distração do espírito), *Causa* (o que provoca e o que se abraça), *Cena* (de teatro ou escândalo doméstico), *Citar* (chamar e copiar), *Compreender* (conter e entender intelectualmente), *Contenção* (possibilidade de se encher e modo de se comportar), *Crueza* (alimentar e sexual), *Desenvolver* (sentido retórico e sentido ciclista), *Discreto* (descontínuo e recatado), *Exemplo* (de gramática e de devassidão),

Expresso (sentimento manifesto ou café italiano), *Fichado* (catalogado e anotado policialmente), *Fim* (limite e objetivo), *Frescor* (temperatura e novidade), *Função* (relação e uso), *Indiferença* (ausência de paixão e de diferença), *Interrogar* (perguntar e torturar), *Jogo* (atividade lúdica e movimento das peças de uma máquina), *Poluição* (sujeira e masturbação), *Possuir* (ter e dominar), *Propriedade* (dos bens e dos termos), *Queimado* (incendiado e desmascarado), *Sentido* (direção e significação), *Sujeito* (agente e vassalo), *Sutilizar* (tornar mais sutil e furtar), *Traço* (gráfico e linguístico), *Viajar* (partir e drogar-se), *Voz* (órgão corporal e diátese gramatical), etc.

No fichário do duplo sentido: os *addâd*, aquelas palavras árabes que têm, cada uma, dois sentidos absolutamente contrários (*1970*, I); a tragédia grega, espaço da dupla escuta, no qual "o espectador ouve sempre mais do que aquilo que cada personagem profere por conta própria ou por conta dos coadjuvantes" (*1968*, I); os delírios auditivos de Flaubert (preso a seus "erros" de estilo) e de Saussure (obcecado pela escuta anagramática dos versos antigos). E para terminar, isto: contrariamente ao que se poderia esperar, não é a polissemia (o múltiplo do sentido) que é louvada, procurada; é exatamente a anfibologia, a duplicidade; o fantasma não consiste em ouvir tudo (qualquer coisa) mas em ouvir *outra coisa* (nisso sou mais clássico do que a teoria do texto que defendo).

De viés

Por um lado, o que ele diz dos grandes objetos do saber (o cinema, a linguagem, a sociedade) nunca é memorável: a dissertação (o artigo *sobre* alguma coisa) é como um imenso dejeto. A pertinência, miúda (quando ela existe), vem apenas nas margens, nas incisas, nos parênteses, *de viés*: é a voz *off* do sujeito.

Por outro lado, ele nunca explicita (nunca define) certas noções que parecem ser para ele as mais necessárias, e que ele usa sempre (sempre subsumidas sob uma palavra). A *Doxa* é constantemente alegada, mas não é definida: nenhum fragmento sobre a Doxa. O *Texto* é sempre apresentado metaforicamente: é o campo do arúspice, uma banqueta, um cubo facetado, um excipiente, um picadinho japonês, uma confusão de cenários, uma trança, uma renda valenciana, um *oued* marroquino, um vídeo de televisão em pane, uma massa folheada, uma cebola, etc. E quando ele faz uma dissertação "sobre" o Texto (para uma enciclopédia), sem a renegar (nunca renegar nada: em nome de que presente?), trata-se de uma tarefa de saber e não de escritura.

A câmara de ecos

Com relação aos sistemas que o cercam, o que é ele? Algo como uma câmara de ecos: ele reproduz mal os pensamentos, ele segue as palavras; ele visita, isto é, homenageia os vocabulários, ele *invoca* as noções, repete-as sob um nome; usa esse nome como um emblema (praticando assim uma espécie de ideografia filosófica) e esse emblema o dispensa de aprofundar o sistema do qual ele é o significante (que simplesmente lhe acena). Vindo da psicanálise e parecendo permanecer nela, a "transferência", entretanto, deixa alegremente a situação edipiana. Termo lacaniano, o "imaginário" se estende até os confins do "amor-próprio" clássico. A "má-fé" sai do sistema sartriano para chegar à crítica mitológica. "Burguês" recebe toda a carga marxista, mas transborda constantemente para o estético e o ético. Desse modo, sem dúvida, as palavras se transportam, os sistemas se comunicam, a modernidade é experimentada (como se experimentam todos os botões de um aparelho de rádio cujo manejo não se conhece), mas o intertexto que assim se cria é, ao pé da letra, *superficial*: adere-se *liberalmente*: a palavra (filosófica, psicanalítica, política, científica) mantém com seu sistema de origem um cordão que não é cortado mas permanece: tenaz e flutuante. A razão disso é que, sem dúvida, não se pode ao mesmo tempo aprofundar e desejar uma palavra: nele, o desejo da palavra é mais forte, mas desse prazer faz parte uma espécie de vibração doutrinal.

A escritura começa pelo estilo

O assíndeto, tão admirado em Chateaubriand sob o nome de anacoluto (*NEC*, 113), é às vezes tentado por ele, na prática: que relação se pode encontrar entre o leite e os jesuítas? Esta: "... os *clics*, aqueles fonemas lácteos que o maravilhoso jesuíta, Van Ginneken, colocava entre a escritura e a linguagem" (*PlT*, 12). Há também inúmeras antíteses (voluntárias, construídas, retesadas) e trocadilhos dos quais se tira todo um sistema (prazer: *precário*/ gozo: *precoce*). Em suma, mil pegadas de um trabalho do *estilo*, no sentido mais antigo da palavra. Ora, esse estilo serve para louvar um valor novo, a *escritura*, que é o transbordo, o arrebatamento do estilo para outras regiões da linguagem e do sujeito, longe de um código literário *classificado* (código superado de uma classe condenada). Essa contradição se explica e se justifica talvez assim: sua maneira de escrever se formou num momento em que a escritura do ensaio tentava renovar-se pela combinação de intenções políticas, de noções filosóficas e de verdadeiras figuras retóricas (Sartre está repleto delas). Mas sobretudo, o estilo é, de certa maneira, o começo da escritura: mesmo timidamente, oferecendo-se a grandes riscos de recuperação, ele prepara o reino do significante.

Para que serve a utopia

Para que serve a utopia? Para fazer sentido. Em face do presente, de meu presente, a utopia é um termo segundo que permite o desencadeamento do signo: o discurso sobre o real se torna possível, saio da afasia na qual me lança o desassossego de tudo o que vai mal em mim, neste mundo que é o meu.

A utopia é familiar ao escritor, porque o escritor é um doador de sentido: sua tarefa (ou seu gozo) consiste em dar sentidos, nomes, e ele só o pode fazer se houver paradigma, desencadeamento do

• Fichas

na cama...

fora de casa...

Reviravolta:
de origem erudita, a ficha segue as voltas diversas da pulsão.

... ou numa mesa de trabalho.

sim/não, alternância de dois valores: para ele, o mundo é uma medalha, uma moeda, uma dupla superfície de leitura, cujo avesso é ocupado por sua própria realidade e cujo direito, pela utopia. O Texto, por exemplo, é uma utopia; sua função — semântica — é fazer significar a literatura, a arte, a linguagem, presentes, ao mesmo tempo que as declaramos *impossíveis*; antigamente, explicava-se a literatura por seu passado; hoje, por sua utopia: o sentido se fundamenta em valor: a utopia permite essa nova semântica.

Os escritos revolucionários representaram sempre pouco e mal a finalidade cotidiana da Revolução, o modo como ela entende que *viveremos amanhã*, ou porque essa representação corre o risco de edulcorar ou de futilizar a luta presente, ou então porque, mais justamente, a teoria política visa tão-somente instaurar a liberdade real da questão humana, sem prefigurar nenhuma de suas respostas. A utopia seria então o tabu da Revolução, e o escritor teria a função de o transgredir; só ele poderia *arriscar* essa representação; como um sacerdote, ele assumiria o discurso escatológico; ele fecharia o círculo ético, respondendo por uma visão final dos valores à *escolha* revolucionária inicial (aquilo por que *a gente se torna* revolucionário).

No *Grau zero*, a utopia (política) tem a forma (ingênua?) de uma universalidade social, como se utopia só pudesse ser o contrário estrito do mal presente, como se, à divisão, só pudesse responder, mais tarde, a indivisão; mas desde então, embora vaga e cheia de dificuldades, uma filosofia pluralista vem à luz: hostil à massificação, voltada para a diferença, fourierista, em suma; a utopia (sempre mantida) consiste então em imaginar uma sociedade infinitamente parcelada, cuja divisão não fosse mais social e, portanto, não fosse mais conflituosa.

O escritor como fantasma

Com certeza não há mais nenhum adolescente que tenha este fantasma: *ser escritor!* De que contemporâneo querer copiar, não a obra, mas as práticas, as posturas, aquele modo de passear pelo mundo, com uma caderneta no bolso e uma frase na cabeça (assim eu via Gide, circulando da Rússia ao Congo, lendo seus clássicos e escrevendo seus apontamentos no vagão-restaurante enquanto esperava os pratos; assim eu o vi realmente, num dia de 1939, no fundo da cervejaria Lutétia, comendo uma pera e lendo um livro)? Pois aquilo que o fantasma impõe é o escritor tal como podemos vê-lo em seu diário íntimo, é *o escritor menos sua obra*: forma suprema do sagrado: a marca e o vazio.

Novo sujeito, nova ciência

Ele se sente solidário com todo escrito cujo princípio é de que *o sujeito é apenas um efeito de linguagem*. Ele imagina uma ciência muito vasta, na enunciação da qual o cientista se incluísse enfim — que seria a ciência dos efeitos de linguagem.

És tu, cara Elisa...

... não quer absolutamente dizer: eu me asseguro da identidade incerta da pessoa que vem, fazendo-lhe a singularíssima pergunta: "ela é ela?", mas quer dizer o contrário: estão vendo, estão ouvindo, a pessoa que chega se chama — ou melhor, se chamará *Elisa*, eu a conheço bem, e vocês podem acreditar que tenho relações bastante boas com ela. E depois, mais isto: tragada pela própria forma do enunciado, existe a vaga lembrança de todas as situações em que alguém disse: "*és tu?*", e ainda além, existe o sujeito cego em vias de interrogar uma *vinda* (e se não fores *tu*, que decepção — ou que alívio), etc.

A linguística deve ocupar-se com a mensagem ou com a linguagem? Isto é, no caso, com *o lençol de sentido tal como o puxamos*? Como chamar essa linguística verdadeira, que é a linguística da conotação?

Ele tinha escrito: "O texto é (deveria ser) aquela pessoa desenvolta que mostra seu traseiro ao Pai político." (*PlT,* 84.) Um crítico finge acreditar que "traseiro" está colocado no lugar de "bunda" por pudor. E a conotação? Um moleque não mostra sua bunda a Madame MacMiche, ele lhe mostra seu traseiro; era necessária essa palavra infantil, já que se tratava do Pai. Ler realmente é, pois, entrar em conotação. Fogos cruzados: cuidando do sentido denotado, a linguística positiva trata de um sentido improvável, irreal, obscuro, de tal modo ele é extenuado; ela remete desdenhosamente a uma lingüística de fantasia, o sentido claro, o sentido irradiante, o sentido do sujeito em vias de se enunciar (sentido claro? Sim, sentido banhado de luz, como no sonho, onde percebo sutilmente a angústia, a completude, a impostura de uma situação, de modo muito mais vivo do que a história que nele acontece).

A elipse

Alguém lhe pergunta: "Você escreveu que *a escritura passa pelo corpo*: poderia explicar melhor?"

Ele percebe então como tais enunciados, para ele tão claros, são obscuros para muitos. No entanto, a frase não é insensata mas somente elíptica: é a elipse que não é suportada. Ao que se acrescenta aqui, talvez, uma resistência menos formal: a opinião pública tem uma concepção reduzida do corpo: é sempre, ao que parece, aquilo que se opõe à alma: toda extensão um pouco metonímica do corpo é tabu.

A elipse, figura mal conhecida, é perturbadora pelo fato de representar a assustadora liberdade da linguagem, que é, de certa forma, *sem medida obrigatória*: seus módulos são completamente artificiais, puramente aprendidos; eu não me espanto mais com as elipses de La Fontaine (entretanto, quantas mediações não formuladas entre o canto da cigarra e sua pobreza) do que com a elipse física que liga, num simples móvel, a corrente elétrica e o frio, porque esses atalhos se colocam num campo puramente operatório: o da aprendizagem escolar e o da cozinha; mas o texto não é operatório: não há *antecedente* para as transformações lógicas que ele propõe.

O emblema, a piada

Uma noite na Ópera é um verdadeiro tesouro textual. Quando eu preciso, para alguma demonstração crítica, de uma alegoria onde explodirá a mecânica louca do texto carnavalesco, o filme virá fornecê-la: a cabina do navio, o contrato rasgado, a confusão final dos cenários, cada um desses episódios (entre outros) é o emblema das subversões lógicas operadas pelo Texto; e se esses emblemas são perfeitos, é finalmente porque eles são cômicos, sendo o riso aquilo que, por uma última pirueta, livra a demonstração de seu atributo demonstrativo. O que libera a metáfora, o símbolo, o emblema, da mania poética, o que manifesta seu poder de subversão, é o "*extravagante*", aquela "maluquice" que Fourier soube pôr em seus exemplos, desprezando qualquer compostura retórica (*SFL*, 97). O futuro lógico da metáfora seria pois a piada.

Uma sociedade de emissores

Vivo numa sociedade de *emissores* (sendo eu mesmo um deles): cada pessoa que eu encontro ou que me escreve, me manda um livro, um texto, um balanço, um prospecto, um protesto, um convite para um espetáculo, para uma exposição, etc. O gozo de escrever, de produzir, assalta de todos os lados; mas como o circuito é comercial, a produção livre continua estrangulada, assustada e como que desvairada; no mais das vezes, os textos, os espetáculos vão para onde não são solicitados; eles encontram, para sua infelicidade, "relações" e não amigos, e ainda menos parceiros; o que faz com que essa espécie de ejaculação coletiva da escritura, na qual se poderia ver a cena *utópica* de uma sociedade livre (onde o gozo circularia sem passar pelo dinheiro), vire hoje um apocalipse.

Horário

"Durante as férias, levanto-me às sete horas, desço, abro a casa, faço chá, pico o pão para os passarinhos que esperam no jardim, lavo-me, espano minha mesa de trabalho, esvazio seus cinzeiros, corto uma rosa, ouço o noticiário das sete e meia. Às oito horas, minha mãe desce por sua vez; como com ela dois ovos quentes, uma rodela de pão torrado e tomo café-preto sem açúcar; às oito e um quarto, vou buscar o jornal *Sud-Ouest* na cidade; digo à Senhora C.: *o tempo está bom, o tempo está feio*, etc.; e depois começo a trabalhar. Às nove e meia, passa o carteiro (*o ar está carregado hoje, que lindo dia*, etc.), e, um pouco mais tarde, em sua caminhonete cheia de pães, a filha da padeira (ela é estudada, não convém falar do tempo); às dez e meia em ponto, faço café-preto e fumo meu primeiro charuto do dia. À uma hora, almoçamos; faço a sesta da uma e meia às duas e meia. Vem então o momento em que flutuo: nenhuma vontade de trabalhar; às vezes, faço um pouco de pintura, ou vou buscar aspirina na farmácia, ou queimo papéis no fundo do jardim, ou fabrico uma carteira, um escaninho, uma caixa para fichas; chegam assim quatro horas e novamente trabalho; às cinco e um quarto, é o chá; por volta das sete horas, paro de trabalhar; rego o jardim (se o tempo está bom) e toco piano. Depois do jantar, televisão: se aquela noite ela está boba demais, volto à minha mesa, ouço música e faço fichas. Deito-me às dez horas e leio, um após outro, um pouco de dois livros: por um lado, uma obra de língua bem literária (as *Confidências* de Lamartine, o *Diário* dos Goncourt, etc.), por outro, um romance policial (de preferência antigo), ou um romance inglês (fora de moda), ou Zola."

— Tudo isso não tem nenhum interesse. Ainda mais: não só você se marca como pertencente a uma classe, mas ainda você faz dessa marca uma confidência literária, cuja *futilidade* não tem mais aceitação: você se constitui fantasmaticamente como "escritor", ou ainda pior: você se *constitui*.

A vida privada

Com efeito, é quando divulgo minha *vida privada* que me exponho mais: não por risco de "escândalo", mas porque, então, apresento meu imaginário em sua mais forte consistência; e o imaginário é exatamente aquilo sobre o que os outros têm poder: aquilo que não é protegido por nenhuma virada, nenhum desencaixe. Entretanto, a vida privada muda segundo a *doxa* à qual nos dirigimos: se for uma doxa de direita (burguesa ou pequeno-burguesa: instituições, leis, imprensa), é o "privado" sexual que expõe mais. Mas se for uma doxa de esquerda, a exposição do sexual não transgride nada: o "privado", aqui, são as práticas fúteis, as marcas da ideologia burguesa confiadas pelo sujeito: voltado para essa *doxa*, fico menos exposto declarando uma perversão do que enunciando um gosto: a paixão, a amizade, a ternura, o sentimentalismo, o prazer de escrever se tornam então, por simples deslocamento estrutural, termos *indizíveis*: contradizendo o que pode ser dito, o que se espera que você diga, mas que precisamente — a própria voz do imaginário — você gostaria de poder dizer *imediatamente* (sem mediação).

Na realidade...
 Vocês pensam que a finalidade da luta livre é ganhar? Não, é compreender. Vocês pensam que o teatro é fictício, ideal com relação à vida? Não, na fotogenia dos estúdios de Harcourt, é o palco que é trivial, e é a cidade que é sonhada. Atenas não é uma cidade mítica; ela deve ser descrita em termos realistas, sem relação com o discurso humanista (*1944*). Os Marcianos? Eles não servem para trazer à cena o Outro (o Estranho), mas o Mesmo. O filme de gângsteres não é emotivo, como se poderia crer, mas intelectual. Júlio Verne, escritor de viagens? De modo algum, escritor da reclusão. A astrologia não é preditiva mas descritiva (ela descreve muito realisticamente as condições sociais). O teatro de Racine não é um teatro da paixão amorosa, mas da relação de autoridade, etc.
 Essas figuras do Paradoxo são inúmeras; elas têm seu operador lógico; é a expressão: "*na realidade*": o *strip-tease* não é uma solicitação erótica: *na realidade* ele dessexualiza a Mulher, etc.

Eros e o teatro

O teatro (a cena recortada) é o próprio lugar da *venustidade*, isto é, de Eros olhado, iluminado (por Psiquê e sua lâmpada). Basta que uma personagem secundária, episódica, apresente algum motivo de desejo (esse motivo pode ser perverso, não se ligar à beleza mas a um pormenor do corpo, à textura da pele, a um modo de respirar, ou até mesmo a uma falta de jeito), para que todo um espetáculo seja salvo. A função erótica do teatro não é acessória, porque só o teatro, dentre todas as artes figurativas (cinema, pintura), dá os corpos e não sua representação. O corpo de teatro é ao mesmo tempo contingente e essencial: essencial, não pode ser possuído (ele é magnificado pelo prestígio do desejo nostálgico); contingente, poderia sê-lo, pois bastaria ficarmos loucos por um momento (o que está dentro de nossas possibilidades), pular para o palco e tocar aquilo que desejamos. O cinema, pelo contrário, exclui, por uma fatalidade de natureza, qualquer passagem ao ato: a imagem é ali a ausência *irremediável* do corpo representado.

(O cinema seria semelhante a esses corpos que vão, no verão, com a camisa largamente aberta: *olhem mas não toquem*, dizem esses corpos e o cinema, ambos literalmente *factícios*.)

O discurso estético

Ele tenta desenvolver um discurso que não se enuncie em nome da Lei e/ou da Violência: cuja instância não seja nem política, nem religiosa, nem científica; que seja, de certa forma, o resto e o suplemento de todos esses enunciados. Como chamaríamos esse discurso? *Erótico*, sem dúvida, pois ele tem a ver com o gozo; ou talvez ainda: *estético*, se previrmos submeter pouco a pouco essa velha categoria a uma ligeira torção, que a afastará de seu fundo regressivo, idealista, e a aproximará do corpo, da deriva.

A tentação etnológica

O que lhe agradou em Michelet foi a fundação de uma etnologia da França, a vontade e a arte de interrogar historicamente — isto é, *relativamente* — os objetos reputados como os mais naturais: o rosto, a alimentação, as roupas, a compleição. Por outro lado, a população das tragédias racinianas, a dos romances de Sade, foram descritas como tribos, como etnias fechadas, cuja estrutura devia ser estudada. Nas *Mitologias*, é a própria França que é etnografada. Além disso, ele sempre gostou das grandes cosmogonias romanescas (Balzac, Zola, Proust), tão próximas das pequenas sociedades. É que o livro etnológico tem todos os poderes do livro amado: é uma enciclopédia que anota e classifica toda a realidade, mesmo a mais fútil, a mais sensual; essa enciclopédia não adultera o Outro, reduzindo-o ao Mesmo; a apropriação diminui, a certeza do Eu se aligeira. Enfim, de todos os discursos sábios, o etnológico aparece-lhe como o mais próximo de uma Ficção.

Etimologias

Quando ele descreve *decepção*, isso quer dizer *desapego*; *abjeto* quer dizer *que se rejeita*; *amável* quer dizer *que se pode amar*; a *imagem* é uma *imitação*; *precário*: *que pode ser suplicado, revogado*; a *avaliação* é uma *fundamentação de valor*; a *turbulência*, um *torvelinho*; a *obrigação*, um *liame*; a *definição*, um *traçado de limite*, etc.

Seu discurso está cheio de palavras que ele corta, por assim dizer, pela raiz. Entretanto, na etimologia, não é a verdade ou a origem da palavra que lhe agradam, é antes o *efeito de superposição* que ela autoriza: a palavra é vista como um palimpsesto: parece-me então que tenho ideias *a nível de língua* — o que é simplesmente: escrever (falo aqui de uma prática, não de um valor).

Violência, evidência, natureza

Ele não conseguia sair dessa ideia sombria, de que a verdadeira violência é a do *óbvio*: o que é evidente é violento, mesmo se essa evidência é representada suavemente, liberalmente, democraticamente; o que é paradoxal, o que não cai sob o sentido, é menos violento, mesmo se for imposto arbitrariamente: um tirano que promulgasse leis extravagantes seria, finalmente, menos violento do que uma massa que se contentasse com enunciar o *óbvio*: o "natural" é, em suma, o *último dos ultrajes*.

A exclusão

Utopia (à moda de Fourier): a de um mundo onde só houvesse diferenças, de modo que diferenciar-se não seria mais excluir-se.

Atravessando a igreja de Saint-Sulpice e aí assistindo, por acaso, ao fim de um casamento, ele experimenta um sentimento de exclusão. Por que essa alteração, vinda sob o efeito do mais imbecil dos espetáculos: cerimonial, religioso, conjugal e pequeno-burguês (não era um grande casamento)? O acaso tinha trazido aquele momento raro em que todo o simbólico se acumula e força o corpo a ceder. Ele tinha recebido, numa única lufada, todas as separações de que é objeto, como se, bruscamente, o próprio ser da exclusão lhe fosse aplicado: compacto e duro. Pois às exclusões simples que esse episódio lhe representava, acrescentava-se um último afastamento: o de sua linguagem: ele não podia assumir sua perturbação na própria linguagem da perturbação, isto é, *exprimi-la*: ele se sentia mais do que excluído: *desligado*: sempre remetido ao lugar de *testemunha*, cujo discurso não pode ser, como se sabe, senão submisso a códigos de distanciamento: ou narrativo, ou explicativo, ou contestatário, ou irônico: nunca *lírico*, jamais homogêneo ao *pathos*, fora do qual ele deve buscar seu lugar.

Celina e Flora

A escritura me submete a uma severa exclusão, não só porque ela me separa da linguagem corrente ("popular"), mas ainda, de modo mais essencial, porque ela me proíbe a "expressão": *quem* poderia ela exprimir? Pondo a nu a inconsistência do sujeito, sua atopia, dispersando os logros do imaginário, ela torna insustentável qualquer lirismo (como dicção de uma "emoção" central). A escritura é um gozo seco, ascético, nada efusivo.

Ora, no caso de uma perversão amorosa, essa secura se torna dilacerante: sou tolhido, não posso trazer para minha escritura o *encantamento* (pura imagem) de uma sedução: como falar de quem, a quem se ama? Como fazer ressoar o afeto, senão através de mediações tão complicadas que ele acabará por perder toda publicidade, e portanto toda alegria?

Essa é uma perturbação de linguagem extremamente sutil, análoga ao *fading* esgotante que, numa comunicação telefônica, atinge por vezes só um dos interlocutores. Proust descreveu-o muito bem — a propósito de algo bem diferente do amor (o exemplo heterológico não é frequentemente o melhor?). Quando as tias Celina e Flora querem agradecer a Swann pelo vinho de Asti, fazem-no com tal preocupação de oportunidade, com tal excesso de discrição, euforia de linguagem, asteísmo meio doido, de um modo tão alusivo que ninguém as ouve; elas produzem um discurso duplo, mas infelizmente nada ambíguo, pois sua face pública fica como que desgastada e totalmente insignificante: a comunicação malogra, não por ininteligibilidade, mas porque se opera um verdadeiro *esquizo* entre a emoção do sujeito — cumprimenteiro ou apaixonado — e a nulidade, a afonia de sua expressão.

A isenção de sentido

Visivelmente, ele sonha com um mundo que fosse *isento de sentido* (como de um serviço militar). Isso começou com o *Grau zero*, onde se sonha com "a ausência de qualquer signo";

em seguida, mil afirmações incidentes desse sonho (acerca do texto de vanguarda, do Japão, da música, do alexandrino, etc.).

O curioso é que, precisamente na opinião comum, existe uma versão desse sonho; a Doxa também não gosta do sentido, culpado, a seus olhos, de trazer para a vida uma espécie de inteligível infinito (que não se pode deter): à invasão do sentido (de que são responsáveis os intelectuais), ela opõe o *concreto*; o concreto é aquilo que se supõe como resistente ao sentido.

Entretanto, para ele, não se trata de reencontrar um pré-sentido, uma origem do mundo, da vida, dos fatos, anterior ao sentido, mas de imaginar um pós-sentido: é preciso atravessar, como o percurso de um caminho iniciático, todo o sentido, para poder extenuá-lo, isentá-lo. Daí uma tática dupla: contra a Doxa, é preciso reivindicar o sentido, pois o sentido é produzido pela História, não pela Natureza; mas, contra a Ciência (o discurso paranoico), é preciso manter a utopia do sentido abolido.

O fantasma, não o sonho

Sonhar (bem ou mal) é insípido (que tédio, as narrativas de sonho!). Em compensação, o fantasma ajuda a passar qualquer tempo de vigília ou de insônia; é um romancinho de bolso que a gente leva sempre consigo e que se pode abrir em qualquer lugar, sem que ninguém dê por isso, no trem, no café, esperando um encontro. O sonho me desagrada porque ele nos absorve inteiramente: o sonho é *monológico*; e o fantasma me agrada porque ele permanece concomitante à consciência da realidade (a do lugar onde estou); cria-se assim um espaço duplo, desencaixado, escalonado, no seio do qual uma voz (nunca saberia dizer qual, a do café ou a da fábula interior), como no andamento de uma fuga, se coloca em posição de *indireto*: algo *se trança*, e é, sem caneta nem papel, um começo de escritura.

Marches

1. Plaisir certain
2. Trop plein. Peur du vide
3. Serpentin : trait bête qui signifie la volonté de hasard et non la pression du corps. Trait de bavardage.
4. Fantôme figuratif : oiseau, poisson des Iles.

Um fantasma vulgar

X. me dizia: "Pode-se imaginar a menor frustração nos libertinos de Sade? E no entanto: seu poder inédito, sua prodigiosa liberdade são ainda fracos com relação à minha própria fantasmática. Não que eu deseje acrescentar a menor prática à lista aparentemente exaustiva de seus gozos, mas porque a única liberdade com que eu posso sonhar, eles não a têm: a de poder gozar instantaneamente de quem me cruza e é por mim desejado. É verdade, acrescentava ele, que esse fantasma é *vulgar*: não serei eu, potencialmente, o indivíduo sádico das notícias populares, o tarado sexual que 'pula' sobre as transeuntes na rua? Em Sade, pelo contrário, nada lembra jamais a mediocridade do discurso jornalístico."

A volta como farsa

Vivamente impressionado, outrora, impressionado para sempre por aquela ideia de Marx segundo a qual, na História, a tragédia às vezes volta, *mas volta como farsa*. A farsa é uma forma ambígua, já que nela se pode ler a figura daquilo que ela redobra irrisoriamente; como a *Contabilidade*: valor forte do tempo em que a burguesia era progressista, traço mesquinho quando essa burguesia se tornou triunfante, comportada, exploradora; como também o "concreto" (álibi de tantos cientistas medíocres e de tantos políticos rasos), que é apenas a farsa de um dos valores mais altos: a isenção de sentido.

Essa volta-farsa é ela mesma a irrisão do emblema materialista: a espiral (introduzida por Vico em nosso discurso ocidental). No trajeto da espiral, tudo volta, mas em outro lugar, superior: é então a volta da diferença, a marcha da metáfora; é a Ficção. A Farsa, por sua vez, volta mais baixo; é uma metáfora que se inclina, murcha e cai (que broxa).

O cansaço e o frescor

O estereótipo pode ser avaliado em termos de *cansaço*. O estereótipo é o que *começa* a me cansar. Daí o antídoto, alegado desde o *Grau zero*: o *frescor* da linguagem.

Em 1971, como a expressão "ideologia burguesa" já estava consideravelmente rançosa e começava a "cansar", como um velho arreio, ele começa (discretamente) a escrever: "A ideologia *dita* burguesa." Não que ele negue, por um único instante, à ideologia sua marca burguesa (muito pelo contrário: que outra coisa seria ela?); mas ele precisa *desnaturar* o estereótipo por algum signo verbal ou gráfico que indique seu desgaste (aspas, por exemplo). O ideal seria, evidentemente, que se apagassem pouco a pouco esses sinais exteriores, e, ao mesmo tempo, se impedisse que a palavra coagulada reintegrasse uma natureza; mas, para tanto, é preciso que o discurso estereotipado seja tomado numa *mimesis* (romance ou teatro): são então as próprias personagens que funcionam como aspas: Adamov consegue assim (em *Ping-Pong*) produzir uma linguagem sem alarde, mas não sem distância: uma linguagem *congelada* (*My*, 90).

(Fatalidade do ensaio, em face do romance: condenado à *autenticidade* — à prisão das aspas.)

Em *Sarrasine*, a Zambinella declara que deseja ser, para o escultor que a ama, "um amigo devotado", desmascarando por esse masculino seu verdadeiro sexo de origem; mas seu amante não ouve nada: ele é enganado *pelo estereótipo* (*S/Z*, 1969): quantas vezes o discurso universal não empregou esta expressão: "*um amigo devotado*"? Seria preciso partir desse apólogo, meio gramatical, meio sexual, para reconhecer os *efeitos de recalque* do estereótipo. Valéry falava daquelas pessoas que morrem num acidente por não quererem largar seu guarda-chuva; quantos sujeitos recalcados, desviados, cegos para sua própria sexualidade, *por não largarem um estereótipo*.

O estereótipo é aquele lugar do discurso *onde falta o corpo*, onde estamos certos de que ele não está. Inversamente, nesse texto pretensamente coletivo que estou lendo, por vezes o estereótipo (a escrevência) cede e a escritura aparece; tenho certeza, então, que esse pedaço de enunciado foi produzido por *um* corpo.

A ficção
Ficção: tênue desligamento, tênue deslocamento que forma um quadro completo, colorido, como uma decalcomania.

Acerca do estilo (*SI*): "É uma imagem que quero interrogar, ou mais exatamente uma *visão*: como *vemos nós* o estilo?" Todo ensaio repousa assim, talvez, sobre uma *visão* dos objetos intelectuais. Por que a ciência não se concederia o direito de ter visões? (Muitas vezes, por felicidade, ela o faz.) A ciência não poderia tornar-se ficcional?

A Ficção pertenceria a uma *nova arte intelectual* (assim são definidos a semiologia e o estruturalismo em *Sistema da moda*). Com as coisas intelectuais, fazemos ao mesmo tempo teoria, combate crítico e prazer; submetemos os objetos de saber e de dissertação — como em qualquer arte — não mais a uma instância de verdade, mas a um pensamento dos *efeitos*.

Ele gostaria de produzir, não uma comédia do Intelecto, mas seu romanesco.

A dupla figura
Esta obra, em sua continuidade, procede por via de dois movimentos: a *linha reta* (a repetição, a ampliação, a insistência de uma ideia, de uma posição, de um gosto, de uma imagem) e o *zigue-zague* (o contrapelo, a contramarcha, a contrariedade,

a energia reativa, a denegação, a volta de uma ida, o movimento do Z, a letra do desvio).

O amor, a loucura

Ordem do dia de Bonaparte, Primeiro Cônsul, à sua guarda: "*O granadeiro Gobain suicidou-se por amor: era aliás um excelente sujeito. É o segundo acontecimento dessa natureza que acontece à companhia desde um mês. O Primeiro Cônsul ordena que seja posto na ordem à sua guarda: que um soldado deve vencer a dor e a melancolia das paixões; que há tanta coragem verdadeira em sofrer com constância as penas da alma, quanto em ficar firme sob a metralha de uma bateria...*"

Esses granadeiros apaixonados, melancólicos — de que linguagem tiravam eles sua paixão (pouco conforme à imagem de sua classe e de seu ofício)? Que livros tinham eles lido — ou que história tinham ouvido? Perspicácia de Bonaparte, assimilando o amor a uma batalha, não — trivialmente — porque dois parceiros aí se enfrentam, mas porque, cortante como uma metralha, a rajada amorosa provoca ensurdecimento e medo: crise, revulsão do corpo, loucura: aquele que se apaixona à moda romântica conhece a experiência da loucura. Ora, a esse louco, nenhuma palavra moderna é dada hoje, e é finalmente por isso que ele se sente louco: nenhuma linguagem a roubar — a não ser muito antiga.

Perturbação, ferida, aflição ou júbilo: o corpo, de ponta a ponta, arrastado, *submerso em Natureza*, e tudo isso, no entanto: como se eu usasse uma citação. No sentimento de amor, na loucura amorosa, se eu quiser falar reencontrarei: o Livro, a Doxa, a Bobagem. Embaralhamento do corpo e da linguagem: qual deles começa?

Forjaduras

Como é que *funciona*, quando escrevo? — Sem dúvida por movimentos de linguagem suficientemente formais e repetidos para que eu possa chamá-los de "figuras": adivinho que há *figuras de produção*, operadores de texto. São aqui, entre outras: a avaliação, a nominação, a anfibologia, a etimologia, o paradoxo, a insistência, a enumeração, o torniquete.

Eis aqui outra dessas figuras: a *forjadura* (a forjadura é, no jargão dos *experts* em grafologia, uma imitação de letra). Meu discurso contém muitas noções aos pares (*denotação/conotação, legível/escriptível, escritor/escrevente*). Essas oposições são artefatos: tomam-se à ciência certas maneiras conceituais, uma energia de classificação: rouba-se uma linguagem, sem no entanto querer aplicá-la até o fim: impossível dizer: isto é denotação, isto é conotação, ou: fulano é escritor, sicrano é escrevente, etc.: a oposição é *cunhada* (como uma moeda), mas não se procura *honrá-la*. Para que serve ela, então? Simplesmente para *dizer algo*: é necessário colocar um paradigma para produzir um sentido, e poder em seguida derivá-lo.

Essa maneira de fazer funcionar um texto (por meio de figuras e operações) harmoniza-se bem com as vistas da semiologia (e daquilo que nela subsiste de antiga retórica): ela é, pois, histórica e ideologicamente, marcada: meu texto é, com efeito, *legível*: estou do lado da estrutura, da frase, do texto fraseado: produzo para reproduzir, como se eu tivesse um pensamento e o representasse com a ajuda de materiais e regras: *escrevo clássico*.

Fourier ou Flaubert?

Quem é mais importante, historicamente: Fourier ou Flaubert? Na obra de Fourier não há, por assim dizer, nenhuma marca direta da História, entretanto agitada, de que ele foi contemporâneo. Flaubert, por sua vez, contou ao longo de todo um romance os acontecimentos de 1848. Isso não impede que Fourier seja mais importante do que Flaubert: ele enunciou indiretamente o desejo da História, e é por isso que ele é ao mesmo tempo historiador e moderno: historiador de um desejo.

O círculo dos fragmentos

Escrever por fragmentos: os fragmentos são então pedras sobre o contorno do círculo: espalho-me à roda: todo o meu pequeno universo em migalhas; no centro, o quê?

Seu primeiro texto ou quase (*1942*) é feito de fragmentos; essa escolha justificava-se então à maneira de Gide "porque a incoerência é preferível à ordem que deforma". Desde então, de fato, ele não cessou de praticar a escritura curta: quadrinhos das *Mitologias* e de *O império dos signos*, artigos e prefácios dos *Ensaios críticos*, lexias de *S/Z*, parágrafos intitulados de *Michelet*, fragmentos do *Sade II* e de *O prazer do texto*.

Ele já via a luta livre como uma sequência de fragmentos, uma soma de espetáculos, pois "na luta livre o que é inteligível é cada momento, e não a duração" (*My*, 14); ele olhava com espanto e predileção esse artifício esportivo, submetido em sua própria estrutura ao assíndeto e ao anacoluto, figuras de interrupção e do curto-circuito.

Não somente o fragmento é cortado de seus vizinhos, mas ainda no interior de cada fragmento reina a parataxe. Isso se vê bem quando se faz o índice desses pedacinhos; para cada um, a reunião dos referentes é heteróclita; é como um jogo de rimas prévias: "Tomem-se as palavras *fragmento, círculo, Gide, luta livre, assíndeto, pintura, dissertação, Zen, intermezzo*; imagine-se um discurso que as possa ligar." Pois bem, será simplesmente este fragmento. O índice de um texto não é somente um instrumento de referência; ele próprio é um texto, um segundo texto que constitui o *relevo* (resto e aspereza) do primeiro: o que há de delirante (de interrompido) na razão das frases.

Não tendo praticado, em pintura, mais do que borrões tachistas, decidi começar uma aprendizagem regular e paciente do desenho; tento copiar uma composição persa do século XVII ("Senhor caçando"); irresistivelmente, em vez de procurar representar as proporções, a organização, a estrutura, copio e encadeio ingenuamente pormenor por pormenor; de onde certas "chegadas" inesperadas: a perna do cavaleiro acaba encarapitada lá no alto do peito do cavalo, etc. Em suma, procedo por adição, não por esboço; tenho o gosto prévio (primeiro) do pormenor, do fragmento, do *rush*, e a inabilidade para o levar a uma "composição": não sei reproduzir "as massas".

Gostando de encontrar, de escrever *começos*, ele tende a multiplicar esse prazer: eis por que ele escreve fragmentos: tantos fragmentos, tantos começos, tantos prazeres (mas ele não gosta dos fins: o risco de cláusula retórica é grande demais: receio de não saber resistir à *última palavra*, à última réplica).

O Zen pertence ao budismo *torin*, método de abertura abrupta, separada, rompida (o *kien* é, pelo contrário, o método de acesso gradual). O fragmento (como o haicai) é *torin*; ele implica um gozo imediato: é um fantasma de discurso, uma abertura de desejo. Sob forma de pensamento-frase, o germe do fragmento nos vem em qualquer lugar: no café, no trem, falando com um amigo (surge naturalmente daquilo que ele diz ou daquilo que digo); a gente tira então o caderninho de apontamentos, não para anotar um "pensamento", mas algo como um cunho, o que se chamaria outrora um "verso".

Como? Quando se colocam fragmentos em sequência, nenhuma organização é possível? Sim: o fragmento é como a ideia musical de um ciclo (*Bonne Chanson, Dichterliebe*): cada peça se basta, e no entanto ela nunca é mais do que o interstício de suas vizinhas: a obra é feita somente de páginas avulsas. O homem que melhor compreendeu e praticou a estética do fragmento (antes de Webern) foi talvez Schumann; ele chamava o fragmento de *intermezzo*; ele multiplicou em suas obras os *intermezzi*: tudo o que produzia era finalmente *intercalado*: mas entre quê e quê? Que quer dizer uma pura sequência de interrupções?

O fragmento é seu ideal: uma alta condensação, não de pensamento, ou de sabedoria, ou de verdade (como na Máxima), mas de música: ao "desenvolvimento", opor-se-ia o "tom", algo de articulado e de cantado, uma dicção: ali devia reinar o *timbre*. *Peças breves* de Webern: nenhuma cadência: que soberania ele põe em *não ir longe*!

O fragmento como ilusão
Tenho a ilusão de acreditar que, ao quebrar meu discurso, cesso de discorrer imaginariamente sobre mim mesmo, atenuo o risco de transcendência; mas como o fragmento (o haicai, a máxima, o pensamento, o pedaço de diário) é *finalmente* um gênero retórico, e como a retórica é aquela camada da linguagem que melhor se oferece à interpretação, acreditando dispersar-me, não faço mais do que voltar comportadamente ao leito do imaginário.

Do fragmento ao diário
Sob o álibi da dissertação destruída, chega-se à prática regular do fragmento; depois, do fragmento se desliza para o "diário". Assim sendo, o objetivo disso tudo não é se dar o direito de escrever um "diário"? Não tenho fundamentos para considerar tudo o que escrevi como um esforço clandestino e obstinado para fazer reaparecer um dia, livremente, o tema do "diário" de Gide? No horizonte terminal, talvez esteja simplesmente o texto inicial (seu primeiro texto teve por objeto o *Diário* de Gide).

O "diário" (autobiográfico) está entretanto, hoje em dia, desacreditado. Cruzamentos: no século XVI, quando se começava a escrevê-lo sem repugnância, chamavam-no um *diaire*: *diarrhée* e *glaire* (diarreia e ranho).

Produção de meus fragmentos. Contemplação de meus fragmentos (correção, polimento, etc.). Contemplação de meus dejetos (narcisismo).

A "fraisette"
De repente, a Mulher vinha à superfície, em Charlus: não quando ele andava com os militares e os cocheiros, mas quando ele pedia, em casa dos Verdurin, com uma voz esganiçada, *uma "fraisette"* (refresco de morango). Seria a bebida *um bom instrumento de leitura* (instrumento que buscasse uma verdade do corpo)?

Bebidas que a gente bebe a vida inteira sem gostar: o chá, o uísque. Bebidas-horas, bebidas-efeitos e não bebidas-sabores. Busca de uma bebida ideal: que fosse rica em metonímias de toda espécie.

O gosto pelo bom vinho (o gosto *certo* pelo vinho) é inseparável da comida. Beber vinho é comer. Sob pretextos dietéticos, o dono do T. me dá a regra desse simbolismo: quando se bebe um copo de vinho antes que a refeição seja servida, ele acha que se deve acompanhá-lo com um pouco de pão: que um contraponto, que uma concomitância seja criada; a civilização começa com a duplicidade (a superdeterminação): o bom vinho não é aquele cujo sabor se desprega, se desdobra, de modo que o gole terminado não tenha mais exatamente o mesmo gosto que o gole começado? No trago do bom vinho, como na tomada de texto, há uma torção, um escalonamento de graus: ele se arrepia, como uma cabeleira.

Rememorando as pequenas coisas de que fora privado em sua infância, ele encontrava aquilo de que hoje gostava: por exemplo, as bebidas geladas (cervejas muito frias), porque naquele tempo ainda não havia geladeiras (a água da torneira, em B., nos verões pesados, era sempre morna).

Francês

Francês pelas frutas (como outros o foram "pelas mulheres"): gosto pelas peras, cerejas, framboesas; já menor pelas laranjas; e completamente nulo pelos frutos exóticos, mangas, goiabas, jambos.

Erros de datilografia

Escrever à máquina: nada se traça: nada existe; depois, de repente, fica traçado: nenhuma *produção*: nenhuma aproximação; não há o nascimento da letra, mas a expulsão de um pedacinho de código. Os erros de datilografia são, portanto, bem particulares: são erros de essência: enganando-me de tecla, atinjo o sistema em seu cerne; o erro de datilografia nunca é nebuloso, *indecifrável*, mas um erro legível, um sentido. Entretanto, meu corpo inteiro passa nesses erros de código: hoje de manhã, tendo-me levantado cedo demais por engano, não paro de errar, de falsear minha cópia, e escrevo um outro texto (essa droga, o cansaço); e em tempo comum, faço sempre os mesmos erros: desorganizando, por exemplo, a "estrutura" por uma metátese obstinada, ou substituindo por "z" (a letra má) o "s" do plural (na escrita à mão, só faço um erro, frequente: escrevo "n" no lugar de "m", amputo-me de uma perna, quero letras com duas pernas e não com três). Esses erros mecânicos, pelo fato de não serem derrapagens mas substituições, remetem pois a uma perturbação bem diferente das dos particularismos manuscritos: através da máquina, o inconsciente escreve de modo bem mais seguro do que a escrita natural, e pode-se imaginar uma *grafanálise* muito mais pertinente do que a anódina grafologia; é verdade que uma boa datilógrafa não erra: ela não tem inconsciente!

O arrepio do sentido

É evidente que todo o seu trabalho tem por objeto uma moralidade do signo (*moralidade* não é *moral*).

Nessa moralidade, como tema frequente, o arrepio do sentido tem um lugar duplo; ele é aquele primeiro estado segundo o qual o "natural" começa a agitar-se, a significar (a voltar a ser relativo, histórico, idiomático); a ilusão (odiada) do *óbvio* se descama, estala, a máquina das linguagens se põe em marcha, a "natureza" estremece em toda a socialidade que nela está comprimida, adormecida: espanto-me diante do "natural" das frases, como o antigo grego de Hegel se espanta diante da Natureza, e nela ouve o arrepio do sentido. Entretanto, a esse estado inicial da leitura semântica, segundo o qual as coisas estão em marcha para o sentido "verdadeiro" (o da História), responde, alhures e quase contraditoriamente, um outro valor: o sentido, antes de se abolir na in-significância, estremece ainda: *há sentido*, mas esse sentido não se deixa "pegar"; ele permanece fluido, tremulando numa leve ebulição. O estado ideal da socialidade se declara assim: um imenso e perpétuo rumorejo anima sentidos inúmeros que explodem, crepitam, fulguram, sem nunca tomar a forma definitiva de um signo tristemente sobrecarregado de significado: tema feliz e impossível, pois esse sentido idealmente trêmulo se vê impiedosamente recuperado por um sentido sólido (o da Doxa) ou por um sentido nulo (o das místicas de libertação).

(Formas desse arrepio: o Texto, a significância, e talvez: o Neutro.)

A indução galopante

Tentação de raciocínio: do fato de que a narrativa de sonho (ou de paquera) exclui seu ouvinte (das delícias de seu referente), induzir que uma das funções da Narrativa seria a de *excluir* o leitor.

(Duas imprudências: não só o fato é incerto — de onde concluir que a narrativa de sonho aborrece, senão de um sentimento estritamente pessoal? —, mas, ainda, ele é exageradamente abstrato, ampliado à categoria geral da Narrativa: esse fato incerto se torna o ponto de partida de uma extensão abusiva. O que arrasta tudo é o sabor do paradoxo: poder sugerir que a Narrativa não é, de modo algum, projetiva, poder subverter a *doxa* narrativa.)

Canhoto

O que quer dizer ser canhoto? Come-se ao contrário do lugar determinado para os talheres; encontra-se o fone do telefone invertido, quando alguém não canhoto o usou antes de nós; as tesouras não foram feitas para nosso polegar. Na escola, outrora, era preciso lutar para ser como os outros, era preciso normalizar seu corpo, oferecer à pequena sociedade do liceu a oblação de sua mão boa (eu desenhava, obrigado, com a mão direita, mas coloria com a mão esquerda: revanche da pulsão); uma exclusão modesta, pouco consequente, socialmente tolerada, marcava a vida adolescente de modo tênue e persistente: a gente se ajeitava e continuava.

Os gestos da ideia

O sujeito lacaniano (por exemplo) não lhe lembra absolutamente a cidade de Tóquio; mas Tóquio lembra-lhe o sujeito lacaniano. Esse procedimento é constante: ele parte raramente da ideia para inventar em seguida uma imagem; parte de um objeto sensual, e espera então encontrar, em seu trabalho, a possibilidade de lhe conferir uma *abstração*, recolhida na cultura intelectual do momento: a filosofia não é mais, assim, do que uma reserva de imagens particulares, de ficções ideais (ele colhe objetos e não raciocínios). Mallarmé falou dos "gestos da ideia": ele acha primeiro o gesto (expressão do corpo), em seguida a ideia (expressão da cultura, do intertexto).

Abgrund

Pode-se — ou pelo menos, podia-se outrora —- começar a escrever sem se tomar por um outro? Seria preciso substituir a história das fontes pela história das figuras: a origem da obra não é a primeira influência, é a primeira postura: copia-se um desempenho, e depois, por metonímia, uma arte: começo a produzir reproduzindo aquele que eu gostaria de ser. Esse primeiro voto (eu desejo e me devoto) funda um sistema secreto de fantasmas que persistem de idade a idade, muitas vezes independentemente dos escritos do autor desejado.

Um de seus primeiros artigos (*1942*) tratava do *Diário* de Gide; a escritura de um outro ("En Grèce", *1944*) era visivelmente imitada de *Os alimentos terrestres*. E Gide ocupou um grande lugar em suas leituras de juventude: mestiço de Alsácia e de Gasconha, em diagonal, como o outro de Normandia e de Languedoc, protestante, tendo o gosto pelas "letras" e tocando piano, sem contar o resto, como poderia ele não se reconhecer, não se desejar nesse escritor? O *Abgrund* gideano, inalteravelmente gideano, forma ainda em minha cabeça um formigamento teimoso. Gide é minha língua original, meu *Ursuppe*, minha sopa literária.

O gosto pelos algoritmos

Ele nunca manejou verdadeiros algoritmos; lançou-se por um momento (mas esse gosto parece ter passado) em formalizações menos árduas: aparências de equações simples, esquemas, tabelas, árvores. Essas figuras, a bem dizer, não servem para nada: são brinquedinhos pouco complicados, análogos às bonecas que a gente fabrica com a ponta de um lenço: a gente brinca *para si*: Zola, desse modo, faz um mapa de Plassans para explicar a si mesmo seu romance. Esses desenhos, ele o sabe, não têm nem mesmo o interesse de colocar o discurso sob a razão científica: quem poderiam eles enganar? No entanto, brinca-se de ciência, coloca-se a ciência no quadro, como um papel colado. Da mesma

Rhét ⑦ Le goût des algorithmes   360

"Suivant moi, l'hypocrisie était impossible en mathématiques et dans ma simplicité puérile, je pensais qu'il en était ainsi dans toutes les sciences où j'avais ouï dire qu'elles s'appliquaient" (Stendhal).

(à un moment (car naïveté) [même celles-là] haut et ils abondent)

Nul, absolument, nul en maths et en logique, il n'a jamais osé manier de véritables algorithmes ; il s'est rabattu sur des formalisations moins ardues : des ~~formules de lettres~~/schémas, des tables, des arbres. Ces figures, à vrai dire, ne l'analogie servent à rien ni à personne ; ce sont des jouets, des poupées pas compliqués, ~~avec~~ que l'on fait

Plassans, un mouchoir (Zola, de la sorte, se fait un plan il le sait, de ~~~~ pour s'expliquer à lui-même son roman) : qui pourraient ces dessins n'ont même pas l'intérêt de placer ils trompent ? le discours sous l'alibi scientifique : ils sont ~~pourtant on dirait~~ là d'une manière décorative, ~~typogra~~phique ~~de la même~~ façon, le calcul — dont relevait le plaisir — était placé par Fourier dans une chaîne fantasmatique ('car il y a des fantasmes de discours) (SFL. ▬ 89, 107).

(on joue pour soi :)

12 Juil

• Correções? Mais pelo prazer de estrelar o texto.

maneira, o *cálculo* — do qual dependia o *prazer* — era colocado por Fourier numa cadeia fantasmática (pois existem fantasmas de discurso).

E se eu não tivesse lido...

E se eu não tivesse lido Hegel, nem *A Princesa de Clèves*, nem *Os gatos* de Lévi-Strauss, nem o *Anti-Édipo?* — O livro que não li e que muitas vezes *me é dito* antes mesmo que eu tenha tempo de o ler (razão pela qual, talvez, eu não leio), esse livro existe ao mesmo título que o outro: ele tem sua inteligibilidade, sua memorabilidade, seu modo de ação. Não temos nós bastante liberdade para receber um texto *fora de qualquer letra?*

(Repressão: não ter lido Hegel seria uma falha exorbitante para um *agrégé* de filosofia, para um intelectual marxista, para um especialista de Bataille. E eu? Onde começam meus deveres de leitura?)

Aquele que se põe numa prática da escritura consente assaz alegremente em diminuir ou desviar a acuidade, a responsabilidade de suas ideias (é preciso arriscar isso com o tom que se emprega geralmente para dizer: *que me importa? não tenho eu o essencial?*): haveria na escritura a volúpia de uma certa inércia, de uma certa *facilidade* mental: como se eu fosse mais indiferente à minha própria tolice quando escrevo do que quando falo (quantas vezes os professores são mais inteligentes do que os escritores).

Heterologia e violência

Ele não consegue se explicar como pode, por um lado, sustentar (com outros) uma teoria textual da heterologia (portanto da ruptura) e, por outro lado, encetar sempre uma crítica da violência (sem nunca, é verdade, desenvolvê-la e assumi-la até o fim). Como seguir caminho com a vanguarda e seus padrinhos, quando se tem o gosto irênico da deriva? — A menos que, precisamente, não valha a pena, mesmo que isso custe um certo recuo, fazer como se entrevíssemos um *outro estilo* de esquizo.

O imaginário da solidão

Ele tinha sempre, até agora, trabalhado, sucessivamente sob a tutela de um grande sistema (Marx, Sartre, Brecht, a semiologia, o Texto). Hoje, parece-lhe estar escrevendo mais a descoberto; nada o sustenta, senão ainda certas faldas de linguagens passadas (pois para falar é preciso apoiar-se em outros textos). Ele diz isso sem a enfatuação que pode acompanhar as declarações de independência, e sem a pose de tristeza que se toma ao confessar uma solidão; mas antes para explicar a si mesmo o sentimento de insegurança que o toma hoje, e, talvez mais ainda, o vago tormento de um *recesso* em direção à pouca coisa, à coisa antiga que ele é, "entregue a si mesmo".

— Você faz aqui uma declaração de humildade; você não sai portanto do imaginário, e do pior deles: psicológico. É verdade que assim fazendo, por uma reviravolta que você não tinha previsto e sem a qual você poderia bem passar, você atesta a justeza de seu diagnóstico: efetivamente, você *retrograda*. — Mas, ao dizê-lo, escapo... etc. (*o redente continua*).

Hipocrisia?

Falando de um texto, ele credita seu autor pelo fato de este não lisonjear o leitor. Mas achou esse elogio ao descobrir que ele próprio faz tudo para o lisonjear e que, em suma, ele não renunciaria nunca a uma arte do *efeito*.

A ideia como gozo

A opinião corrente não gosta da linguagem dos intelectuais. Assim, ele foi frequentemente fichado sob a acusação de jargão intelectualista. Ele se sentia então objeto de uma espécie de racismo: excluíam sua linguagem, isto é, seu corpo: "Você não fala como eu, portanto eu o excluo." O próprio Michelet (mas a amplitude de sua temática o desculpava) lançara-se contra os intelectuais, os escribas, os clérigos, colocando-os na região do *infra-sexo*: visão pequeno-burguesa que faz do intelectual, *por causa de sua linguagem*, um ser assexuado, isto é, desvirilizado: o antiintelectualismo se desmascara como um protesto de virilidade; só resta então ao intelectual, como o Genet de Sartre, que deseja, que se torna o ser sob o qual o ficham, assumir essa linguagem que lhe colam do exterior.

E no entanto (malícia frequente de toda acusação social), que é a ideia, para ele, senão *um rubor de prazer*? "A abstração não é de modo algum contrária à sensualidade" (*My*, 169). Mesmo em sua fase estruturalista, onde a tarefa essencial era descrever o *inteligível* humano, ele sempre associou a atividade intelectual a um gozo: o *panorama*, por exemplo — aquilo que se vê da Torre Eiffel (*TE*, 39) —, é um objeto ao mesmo tempo intelectivo e feliz: ele liberta o corpo no exato momento em que lhe dá a ilusão de "compreender" o campo de seu olhar.

As ideias mal conhecidas

Vê-se uma mesma ideia crítica (por exemplo: o *Destino é um desenho inteligente*: ele cai *precisamente* no lugar onde não se esperava) alimentar um livro (*Racine*) e reaparecer muito mais tarde num outro (*S/Z*, 181). Há assim ideias que voltam: quer dizer que ele é apegado a elas (em virtude de que encantamento?). Ora, essas ideias queridas não têm, em geral, nenhum eco. Em suma, é ali onde ouso me encorajar a ponto de me repetir que *precisamente* o leitor "me abandona" (no que — reincidamos — o Destino é mesmo um desenho inteligente). De outro modo, eu estava contente por ter publicado (endossando a ingenuidade aparente da observação) que "a gente escreve para ser amado";

contam-me que M. D. achou essa frase idiota: com efeito, ela só é suportável quando a consumimos *em terceiro grau*: consciente de que ela foi primeiro comovente, depois imbecil, você tem *enfim* a liberdade de achá-la talvez justa (M. D. não soube ir até lá).

A frase

A Frase é denunciada como objeto ideológico e produzida como gozo (é uma essência reduzida do Fragmento). Pode-se, então, ou acusar o sujeito de contradição, ou induzir dessa contradição um espanto, quiçá uma volta crítica: e se houvesse, a título de perversão segunda, *um gozo da ideologia*?

Ideologia e estética

A ideologia: o que se repete e *consiste* (por este último verbo ela se exclui da ordem do significante). Basta portanto que a análise ideológica (ou a contraideologia) se repita e consista (proclamando *ali mesmo* sua validade, por um gesto de isenção) para que se torne ela própria um objeto ideológico.

Que fazer? Uma solução é possível: a *estética*. Em Brecht, a crítica ideológica não se faz *diretamente* (senão, ela teria produzido uma vez mais um discurso repetitivo, tautológico, militante); ela passa por mediações estéticas; a contraideologia se infiltra sob uma ficção, não realista, mas *justa*. Este é talvez o papel da estética em nossa sociedade: fornecer as regras de um discurso *indireto e transitivo* (ele pode transformar a linguagem, mas não exibe seu domínio, sua boa consciência).

X., a quem digo que seu manuscrito (um pesado tijolo contestatário sobre a televisão) é por demais dissertativo, insuficientemente protegido *esteticamente*, dá um pulo ao ouvir essa palavra e me dá imediatamente o troco de minha moeda: ele discutiu muito sobre *O prazer do texto* com seus camaradas; meu livro, diz ele, "está sempre à beira da catástrofe". A catástrofe, sem dúvida, a seus olhos, consiste em cair no estético.

O imaginário

O imaginário, assunção global da imagem, existe nos animais (mas não o simbólico), já que eles vão direto para o logro, sexual ou inimigo, que para eles se prepara. Esse horizonte zoológico não dá ao imaginário uma precedência de interesse? Não será esta, *epistemologicamente*, uma categoria de futuro?

O esforço vital deste livro visa a encenação de um imaginário. "Encenar" quer dizer: escalonar suportes, dispersar papéis, estabelecer níveis e, no final das contas: fazer da ribalta uma barra incerta. Importa pois que o imaginário seja tratado segundo seus graus (o imaginário é uma questão de consistência, uma questão de graus), e existem, ao longo desses fragmentos, vários graus de imaginário. A dificuldade, entretanto, reside no fato de não se poder numerar esses graus, como os graus de uma bebida alcoólica ou de uma tortura.

Antigos eruditos acrescentavam por vezes, sabiamente, após uma proposição, o corretivo *"incertum"*. Se o imaginário constituísse um trecho bem delimitado, cujo *embaraço* fosse sempre seguro, bastaria anunciar cada vez esse trecho por algum operador metalinguístico, para se eximir de o haver escrito. Foi o que se pôde fazer aqui para alguns fragmentos (*aspas, parênteses, ditado, cena, redente, etc.*): o sujeito, desdobrado (ou *imaginando-se* tal), consegue por vezes assinar seu imaginário. Mas esta não é uma prática segura; primeiramente, porque há um imaginário da lucidez e porque, separando os níveis do que digo, o que faço não é, apesar de tudo, mais do que remeter a imagem para mais longe, produzir uma segunda careta; em seguida, e sobretudo, porque, frequentemente, o imaginário vem a passos de lobo, patinando suavemente sobre um pretérito perfeito, um pronome, uma lembrança, em suma, tudo o que pode ser reunido sob a própria divisa do Espelho e de sua Imagem: *Quanto a mim, eu.*

O sonho seria pois: nem um texto de vaidade, nem um texto de lucidez, mas um texto de aspas incertas, de parênteses flutuantes (nunca fechar parênteses é exatamente: *derivar*). Isso depende também do leitor, que produz o *escalonamento* das leituras.

(Em seu grau pleno, o Imaginário se experimenta assim: tudo o que tenho vontade de escrever a meu respeito e que finalmente acho embaraçoso escrever. Ou ainda: o que só pode ser escrito com a complacência do leitor. Ora, cada leitor tem sua complacência; assim, por pouco que se possa classificar essas complacências, torna-se possível classificar os próprios fragmentos: cada um recebe sua marca de imaginário daquele mesmo horizonte onde ele se acredita amado, impune, subtraído ao embaraço de ser lido por um sujeito sem complacência, ou simplesmente: *que olhasse.*)

O dândi

O uso desvairado do paradoxo corre o risco de implicar (ou simplesmente: implica) uma posição individualista, e, por assim dizer, uma espécie de dandismo. No entanto, embora solitário, o dândi não está sozinho: S., estudante ele próprio, me diz — com tristeza — que os estudantes são individualistas; numa situação histórica dada — de pessimismo ou de rejeição — é toda a classe intelectual que, se não milita, é virtualmente dândi. (É dândi aquele que não tem outra filosofia senão vitalícia: o tempo é o tempo de minha vida.)

O que é a influência?

Vê-se bem, nos *Ensaios críticos,* como o sujeito da escritura "evolui" (passando de uma moral do engajamento a uma moralidade do significante): ele evolui segundo os autores de que trata, progressivamente. O objeto indutor não é entretanto o autor de que falo, mas antes *aquilo que ele me leva a dizer dele*; eu me influencio a mim mesmo *com sua permissão*: o que digo dele me obriga a pensá-lo de mim (ou a não pensá-lo), etc.

É preciso pois distinguir os autores sobre os quais se escreve e cuja influência não é nem exterior nem anterior àquilo que deles se diz, e (concepção mais clássica) os autores que a gente lê; mas estes, o que é que me vem deles? Uma espécie de música, uma sonoridade pensativa, um jogo mais ou menos denso de anagramas. (Eu tinha a cabeça cheia de Nietzsche, que acabara de ler; mas o que eu desejava, o que eu queria captar, era um canto de ideias-frases: a influência era puramente prosódica.)

O instrumento sutil

Programa de uma vanguarda:

"O mundo saiu certamente de seus eixos, só movimentos violentos podem reencaixar tudo. Mas pode ser que, dentre os instrumentos que servem para isso, exista um pequeno, frágil, que exija uma manipulação leve." (Brecht, *A compra do cobre*.)

Pausa: anamneses

No lanche, leite frio, açucarado. Havia, no fundo da velha tigela branca, um defeito de louça; não se sabia se a colher, mexendo, esbarrava nesse defeito ou numa placa de açúcar mal derretido ou mal lavado.

Volta de bonde, domingo à noite, da casa dos avós. Jantávamos no quarto, junto ao fogo, caldo de carne e pão torrado.

Nas tardes de verão, quando o dia não acaba mais, as mães passeavam por veredas, as crianças esvoaçavam ao redor, era uma festa.

Um morcego entrou no quarto. Temendo que ele se enroscasse nos cabelos, sua mãe o colocou sobre as costas, amortalharam-se com um lençol e perseguiram o morcego com pinças.

Escanchado numa cadeira, na esquina do caminho das Arenas, o coronel Poymiro, enorme, violáceo, varicoso, bigodudo, e míope, de fala embaraçada, olhava passar e repassar a multidão da tourada. Que suplício, que medo quando ele o beijava!

Seu padrinho, Joseph Nogaret, oferecia-lhe de tempo em tempo um saco de nozes e uma moeda de cinco francos.

A Sra. Lafont, mestre das divisões infantis no liceu de Bayonne, usava tailleur, chemisier *e pele de raposa; como recompensa de uma boa resposta, ele dava uma bala com forma e gosto de framboesa.*

O Sr. Bertrand, pastor da rua do Avre, em Grenelle, falava lentamente, solenemente, com os olhos fechados. A cada refeição, lia um pouco de uma velha Bíblia encapada com um pano esverdeado e timbrado com uma cruz de tapeçaria. Isso era muito demorado; nos dias de partida, a gente pensava que ia perder o trem.

Um landau atrelado com dois cavalos, encomendado à casa Darrigrand, na rua Thiers, vinha buscar os viajantes em domicílio, uma vez por ano, para levar-nos à estação de Bayonne, ao trem da noite para Paris. Esperando-o, jogávamos o Anão amarelo.

O apartamento mobiliado, alugado por correspondência, estava ocupado. Eles se acharam, numa manhã de novembro parisiense, na rua de la Glacière, com malas e bagagens. A dona da leiteria vizinha os recolheu, ofereceu-lhes chocolate quente e croissants.

Na rua Mazarine, compravam-se as revistas ilustradas na papelaria de uma meridional; a loja cheirava a batata refogada; a mulher vinha lá do fundo mastigando um resto de rango.

Muito distinto, o Sr. Grandsaignes d'Hauterive, professor do quarto ano, manejava um lorgnon *de tartaruga, tinha um cheiro apimentado; ele dividia a classe em "campos" e "bancos", providos cada qual de um "chefe". Eram justas e mais justas em torno de aoristos gregos. (Por que os professores são bons condutores de lembrança?)*

Por volta de 1932, no Studio 28, numa quinta-feira de maio à tarde, sozinho, assisti ao Cão andaluz; *quando saí, às cinco horas, a rua Tholozé cheirava a café com leite que as lavadeiras tomavam entre duas passadas de roupa. Lembrança indizível de descentramento por excesso de insipidez.*

Em Bayonne, por causa das grandes árvores do jardim, muitos pernilongos; havia filós nas janelas (aliás furados). Queimavam-se pequenos cones odoríferos chamados Phidibus. *Depois foi o começo do Flite, vaporizado por uma bomba rangente, quase sempre vazia.*

Atrabiliário, o Sr. Dupouey, professor do segundo colegial, nunca respondia ele próprio a uma pergunta que fizesse; esperava por vezes uma hora em silêncio, até que alguém encontrasse a resposta; ou então ele mandava o aluno passear pelo liceu.

No verão, de manhã, às nove horas, dois meninos me esperavam numa casa baixa e modesta do bairro de Beyris; era preciso ajudá-los a fazer os deveres de férias. Esperava-me também, sobre uma folha de jornal, preparado por uma avozinha miúda, um copinho de café com leite muito claro e muito doce, que me dava enjoo.

Etc. (Não sendo da ordem da Natureza, a anamnese comporta um "etc.".)

Chamo de *anamnese* a ação — mistura de gozo e de esforço — que leva o sujeito a reencontrar, *sem o ampliar nem o fazer vibrar*, uma tenuidade de lembrança: é o próprio haicai. O *biografema* (veja-se *SFL*, 13) nada mais é do que uma anamnese factícia: aquela que eu atribuo ao autor que amo.

Essas poucas anamneses são mais ou menos *foscas* (insignificantes; isentas de sentido). Quanto mais se consegue torná-las foscas, mais elas escapam ao imaginário.

Tolo?

Visão clássica (baseada na unidade da pessoa humana): a tolice seria uma histeria: bastaria a gente se achar tolo, para o ser menos. Visão dialética: aceito pluralizar-me, deixar viver em mim cantões livres de tolice.

Frequentemente, ele se achava tolo: é que ele só tinha uma inteligência *moral* (isto é: nem científica, nem política, nem prática, nem filosófica, etc.).

A máquina da escritura

Por volta de 1963 (acerca de La Bruyère, *EC*, 221), ele se deixa embalar pelo par *metáfora/metonímia* (já conhecido, entretanto, desde suas conversas com G., em 1950). Como uma varinha de poceiro, o conceito, sobretudo quando acoplado, levanta uma possibilidade de escritura: aqui, diz ele, jaz o poder de dizer algo.

A obra procede assim por engodos conceituais, rubores sucessivos, manias perecíveis. O discurso avança por pequenos destinos, por crises amorosas. (Malícia da língua: *engodo* é sinônimo de *isca*: a palavra fica na garganta, durante certo tempo.)

Em jejum

Marcando encontro para o próximo ensaio, Brecht dizia a seus atores: *Nüchtern! Em jejum!* Não se empanzinem, não se empanturrem, não venham inspirados, enternecidos, complacentes, estejam secos, estejam em jejum. — Será que poderei suportar o que escrevo, oito dias mais tarde, *em jejum*? Aquela frase, aquela ideia (aquela ideia-frase) que me contenta quando a encontro, quem me diz que *em jejum* ela não me desgostará? Como interrogar minha aversão (a aversão por meus próprios desejos)? Como preparar a melhor leitura que eu possa esperar de mim mesmo: a que consiste, não em amar, mas somente em *suportar em jejum* o que foi escrito?

Carta de Jilali

"Recebe minhas saudações, meu caro Roland. Tua carta me deu enorme prazer. No entanto, esta aqui dá a imagem de nossa amizade íntima, que é, de certa maneira, sem defeitos. Em compensação, tenho a grande alegria de responder à tua séria carta e de agradecer-te infinitamente e do fundo de meu coração por tuas soberbas palavras. Desta vez, caro Roland, vou falar-te de um assunto chato (a meu ver). O assunto é o seguinte: tenho um irmão mais novo do que eu, estudante de Terceiro Ano AS, muito melômano (gosta de violão) e apaixonado; mas a pobreza o dissimula e o esconde em seu mundo terrível (ele sofre no presente, "como diz vosso poeta") e eu lhe peço, caro Roland, que lhe procure um trabalho em teu amável país no mais breve prazo, pois ele leva uma vida cheia de inquietação e de cuidado; ora, você conhece a situação dos jovens marroquinos, e ela verdadeiramente me espanta e me recusa os sorrisos radiosos. E ela espanta mesmo quando se tem um coração desprovido de xenofobia e de misantropia. Esperando impacientemente tua resposta, peço a meu Deus que te conserve em perfeita saúde."

(Delícias dessa carta: suntuosa, brilhante, literal e no entanto imediatamente literária, literária sem cultura, insistindo em cada frase no gozo da linguagem, em todas as suas inflexões, precisa, impiedosa, para além de qualquer estética, mas sem nunca, e de longe, a censurar (como teriam feito nossos tristes compatriotas), a carta diz *ao mesmo tempo* a verdade e o desejo: todo o desejo de Jilali (o violão, o amor), toda a verdade política do Marrocos. Tal é exatamente o discurso utópico que se pode desejar.)

O paradoxo como gozo

G. sai todo excitado, todo inebriado, de uma representação de *A cavalgada sobre o lago de Constança*, que ele descreve nos seguintes termos: *é barroco, é louco, é kitsch, é romântico*, etc. *E*, acrescenta ele, *é completamente fora de moda!* Para algumas organizações, o paradoxo é portanto um êxtase, uma perda, e das mais intensas.

Aditivo ao *Prazer do texto*: o gozo não é aquilo que *responde* ao desejo (que o satisfaz), mas aquilo que o surpreende, o ultrapassa, o desorienta, o desencaminha. É preciso voltar-se para os místicos a fim de encontrar uma boa formulação daquilo que pode fazer desviar assim o sujeito: Ruysbroek: "Chamo embriaguez do espírito aquele estado em que o gozo ultrapassa as possibilidades entrevistas pelo desejo."

(No *Prazer do texto*, o gozo *já* é dito imprevisível, e as palavras de Ruysbroek *já* estão citadas; mas eu posso, assim mesmo, me citar, para significar uma insistência, uma obsessão, já que se trata de meu corpo.)

O discurso jubiloso

— *Eu te amo, eu te amo!* Surgido do corpo, irreprimível, repetido, todo este paroxismo da declaração de amor não esconderá alguma *falta*? Não teríamos necessidade de dizer essas palavras, se não fosse para obscurecer, como a siba faz com sua tinta, o malogro do desejo sob o excesso de sua afirmação.

— Como? Condenados para sempre à triste volta de um discurso *médio*? Não há então nenhuma chance de existir, em algum recanto perdido da logosfera, a possibilidade de um puro discurso jubiloso? Numa de suas margens extremas — bem perto, é verdade, da mística —, não se pode conceber que a linguagem se torne enfim *expressão* primeira, e como que *insignificante*, de uma satisfação?

— Não há nada a fazer: são as palavras da demanda: elas só podem, portanto, incomodar quem as recebe, exceto a Mãe — e exceto Deus!

— A menos que eu me justifique de lançar essas palavras no caso (improvável, mas sempre esperado) em que dois "*eu te amo*", emitidos num único relâmpago, formassem uma coincidência pura, anulando, por essa simultaneidade, os efeitos de chantagem de um sujeito sobre o outro: a demanda se poria a *levitar*.

Satisfação plena

Toda a poesia e toda a música (românticas) nesta solicitação: *eu te amo, ich liebe dich!* Mas qual poderia ser a resposta jubilosa, se por milagre esta acontecesse? Qual é o gosto da plena satisfação? — Heinrich Heine: *Doch wenn du sprichst: Ich liebe dich! So muss ich weinen bitterlich:* eu soçobro, eu caio, *eu choro amargamente*.

(As palavras de amor trabalham: como um luto.)

O trabalho da palavra

E depois, mudança de cena: imagino-me buscando uma saída dialética para a repetição. Acredito então que a apóstrofe amorosa, embora eu a repita e a reconduza dia a dia através do tempo, vá recobrir, cada vez que eu a disser, um novo estado. Assim como o Argonauta, que renova seu navio durante a viagem, sem lhe mudar o nome, o sujeito amoroso vai realizar, pela mesma exclamação, um longo percurso, dialetizando pouco a pouco a

ÉCOLE PRATIQUE DES HAUTES ÉTUDES

(VIe SECTION)
Sciences Économiques et Sociales

SORBONNE

17, Rue de la Sorbonne (ODEon 24-13)

PARIS, le _____ 19

RB

Fri Nov 73

- Desperdício.

demanda original, sem no entanto jamais embaraçar a incandescência de sua primeira destinação, considerando que o próprio trabalho do amor e da linguagem consiste em dar a uma mesma frase inflexões sempre novas, criando assim uma língua inédita, em que a forma do signo se repete, mas nunca seu significado; em que o falante e o apaixonado triunfam afinal sobre a atroz redução que a linguagem (e a ciência psicanalítica) imprimem a todos os nossos afetos.

(Dos três imaginários que acabo de alegar, o mais operante é o último; pois se uma imagem é construída, essa imagem é pelo menos a de uma transformação dialética — de uma *praxis*.)

O medo da linguagem

Escrevendo tal texto, ele experimenta um sentimento culposo de jargão, como se ele não pudesse sair de um discurso demente por força de ser particular: e se em toda a sua vida, em suma, *ele se tivesse enganado de linguagem?* Esse pânico toma conta dele de modo mais agudo aqui (em U.) porque, não saindo à noite, ele vê muita televisão: o tempo todo é-lhe então representada (admoestada) uma linguagem corrente, da qual ele está separado; essa linguagem lhe interessa, mas isso não é recíproco: ao público da televisão, a linguagem dele pareceria inteiramente irreal (e, fora do gozo estético, toda linguagem irreal corre o risco de ser ridícula). Tal é a inflexão da energia de linguagem: num primeiro tempo, escutar a linguagem dos outros e tirar dessa distância uma segurança; e, num segundo tempo, duvidar desse recuo: ter medo daquilo que se diz (indissociável da maneira como se diz).

Acerca do que acaba de escrever, durante o dia, ele tem medos noturnos. A noite, fantasticamente, traz de volta todo o imaginário da escritura: a imagem do *produto*, a *fofoca* crítica (ou amistosa): *é muito isto, muito aquilo, não é bastante...* À noite, os adjetivos voltam, em massa.

A língua materna

Por que tão pouco gosto e, ou tão pouca aptidão para as línguas estrangeiras? Aprendeu inglês no liceu (chato: a rainha Mab, *David Copperfield, She stoops to conquer*). Achou mais prazer no italiano, do qual um antigo pastor milanês (estranha conjunção) lhe deu alguns rudimentos. Mas desses idiomas, ele nunca teve mais do que um uso vagamente turístico: ele nunca entrou numa língua: pouco gosto pelas literaturas estrangeiras, pessimismo constante com relação à tradução, aflição diante das perguntas dos tradutores, de tal forma eles parecem ignorar frequentemente o que eu penso ser o próprio sentido de uma palavra: a conotação. Todo esse bloqueio é o reverso de um amor: o da língua materna (a língua das mulheres). Não é um amor nacional: por um lado, ele não acredita na superioridade de nenhuma língua e experimenta frequentemente as lacunas cruéis do francês; por outro, ele nunca se sente em estado de segurança em sua própria língua; são numerosas as ocasiões em que ele reconhece sua ameaçadora divisão; por vezes, ouvindo franceses na rua, ele se espanta de os compreender, de partilhar com eles uma parte de seu corpo. Pois sem dúvida a língua francesa não é, para ele, nada mais do que a língua umbilical.

(E, ao mesmo tempo, gosto pelas línguas muito estrangeiras, como o japonês, cuja estrutura lhe *demonstra* — imagem e admoestação — a organização de um sujeito *outro*.)

O léxico impuro

Não poderia ele definir-se assim: o sonho de uma sintaxe pura e o prazer de um léxico impuro, heterológico (que mistura a origem, a especialidade das palavras)? Essa dosagem prestaria contas de certa situação histórica, mas também de um dado de consumo: ele leu um pouco mais do que a pura vanguarda, mas muito menos do que um autor de grande cultura.

Gosto, não gosto

Gosto de: salada, canela, queijo, pimentões, pasta de amêndoas, cheiro de feno cortado (gostaria que um especialista fabricasse tal perfume), rosas, peônias, lavanda, champanhe, posições levianas em política, Glenn Gould, cerveja excessivamente gelada, travesseiros baixos, pão torrado, charutos Havana, Händel, passeios comedidos, peras, pêssegos brancos ou de vinha, cerejas, tintas, relógios, canetas, penas de escrever, petiscos, sal cru, romances realistas, piano, café, Pollock, Twombly, toda a música romântica, Sartre, Brecht, Verne, Fourier, Eisenstein, trens, vinho de Médoc, champanhe tinto, ter dinheiro trocado, Bouvard e Pécuchet, andar de sandálias à noite nas estradinhas do Sudoeste, a curva do rio Adour vista da casa do doutor L., os Irmãos Marx, o serrano às sete da manhã saindo de Salamanca, etc.

Não gosto de: lulus brancos, mulheres de calças, gerânios, morangos, cravo, Miró, tautologias, desenhos animados, Arthur Rubinstein, casas de veraneio, tardes, Satie, Bartok, Vivaldi, telefonar, coros de crianças, concertos de Chopin, bailaricos da Borgonha, danças da Renascença, órgão, M.-A. Charpentier, suas trombetas e tímbalos, o político-sexual, as cenas, as iniciativas, a fidelidade, a espontaneidade, as noitadas com gente que não conheço, etc.

Gosto, não gosto: isso não tem a menor importância para ninguém; isso, aparentemente, não tem sentido. E, no entanto, tudo isso quer dizer: *meu corpo não é igual ao seu*. Assim, nessa espuma anárquica dos gostos e dos desgostos, espécie de picadinho distraído, desenha-se pouco a pouco a figura de um enigma corporal, atraindo cumplicidade ou irritação. Aqui começa a intimidação do corpo, que obriga o outro a me suportar *liberalmente*, a ficar silencioso e cortês diante de gozos ou recusas de que não partilha.

(Uma mosca me irrita, eu a mato: a gente mata aquilo que nos irrita. Se eu não tivesse matado a mosca, teria sido *por puro liberalismo*: sou liberal para não ser assassino.)

Estrutura e liberdade

Estruturalista, quem ainda o é? No entanto, ele é estruturalista pelo menos nisto: um lugar uniformemente barulhento parece-lhe não estruturado porque nesse lugar não há mais nenhuma liberdade de escolher o silêncio ou a fala (quantas vezes ele não disse a um vizinho de bar: *não posso falar com você porque há muito barulho*). Pelo menos a estrutura me fornece dois termos, dos quais posso, voluntariamente, marcar um e despachar o outro; ela é pois, no final das contas, uma garantia (modesta) de liberdade: como, naquele dia, dar um sentido a meu silêncio, já que, *de qualquer maneira*, não podia falar?

O aceitável

Ele fez grande uso desta noção linguística: *aceitável*: uma forma é aceitável (legível, gramatical) quando, numa língua dada, ela pode receber sentido. A noção pode ser transportada para o plano do discurso. Assim, as proposições do haicai são sempre "simples, correntes, aceitáveis" (*EpS*, 93); ou ainda: da máquina dos *Exercícios* de Loyola, "sai uma demanda codificada, portanto aceitável" (*SFL*, 63); e, de um modo geral, a ciência da literatura (se ela existir um dia) não terá de provar tal sentido, mas de dizer "porque um sentido é aceitável" (*CV*, 58).

Essa noção quase científica (já que ela é de origem linguística) tem sua vertente passional; ela substitui a verdade de uma forma por sua validade; e daí, *de mansinho*, poder-se-ia dizer, ela leva ao tema querido do sentido decepcionado, isento, ou ainda: de uma disponibilidade em deriva. Nesse ponto, o *aceitável*, sob o álibi estrutural, é uma figura do desejo: eu desejo a forma aceitável (legível) como uma forma de desarmar a dupla violência: a do sentido pleno, imposto, e a do não sentido heroico.

Legível, escriptível e mais além

Em *S/Z*, uma oposição foi proposta: *legível/escriptível*. É *legível* o texto que eu não poderia reescrever (posso hoje escrever como Balzac?); é *escriptível* o texto que leio com dificuldade, exceto se eu transferir completamente meu regime de leitura. Imagino agora (certos textos que me são enviados o sugerem) que existe talvez uma terceira entidade textual: ao lado do legível e do escriptível, haveria qualquer coisa como o *receptível*. O *receptível* seria o ilegível que prende, o texto ardente, produzido continuamente fora de qualquer verossimilhança e cuja função — visivelmente assumida por seu escriptor — seria a de contestar o constrangimento mercantil do escrito; esse texto, guiado, armado por um pensamento do *impublicável*, atrairia a seguinte resposta: não posso ler nem escrever o que você produz, mas eu o *recebo*, como um fogo, uma droga, uma desorganização enigmática.

A literatura como *mathesis*

Lendo textos clássicos (do *Asno de ouro* a Proust), ele se maravilha sempre com a soma de saber acumulada e ventilada pela obra literária (segundo leis próprias cujo estudo deveria constituir uma nova análise estrutural): a literatura é uma *mathesis*, uma ordem, um sistema, um campo estruturado de saber. Mas esse campo não é infinito: por um lado, a literatura não pode exceder o saber de sua época; por outro, ela não pode dizer tudo: como linguagem, como generalidade *finita*, ela não pode prestar contas dos objetos, dos espetáculos, dos acontecimentos que a surpreenderiam a ponto de a estupefazer; é o que Brecht viu e disse: "Os acontecimentos de Auschwitz, do gueto de Varsóvia, de Buchenwald não suportariam, certamente, uma descrição de caráter literário. A literatura não estava preparada para isso e não se deu os meios de o exprimir." (*Escritos sobre a política e a sociedade*, p. 244.)

Isso explica talvez a impotência em que estamos de produzir hoje uma literatura realista: não é mais possível reescrever nem Balzac, nem Zola, nem Proust, nem mesmo os maus romances socialistas, embora suas descrições se fundamentem numa divisão social que ainda existe. O realismo é sempre tímido, existe *surpresa* demais num mundo que a informação de massa e a generalização da política tornaram tão profuso que não é mais possível figurá-lo projetivamente: o mundo, como objeto literário, escapa; o saber deserta a literatura, que não pode mais ser nem *Mimesis*, nem *Mathesis*, mas somente *Semiosis*, aventura da linguagem impossível, numa só palavra: *Texto* (é falso dizer que a noção de "texto" redobra a noção de "literatura": a literatura *representa* um mundo finito, o texto *figura* o infinito da linguagem: sem saber, sem razão, sem inteligência).

O livro do Eu

Suas "ideias" têm alguma relação com a modernidade, ou com aquilo que chamam de vanguarda (o sujeito, a História, o sexo, a língua); mas ele resiste a suas ideias: seu "eu", concreção racional, a elas resiste incessantemente. Embora feito, aparentemente, de uma sequência de "ideias", este livro não é o livro de suas ideias; é o livro do Eu, o livro de minhas resistências a minhas próprias ideias; é um livro *recessivo* (que recua, mas também, talvez, que toma distância).

Tudo isso deve ser considerado como dito por uma personagem de romance — ou melhor, por várias. Pois o imaginário, matéria fatal do romance e labirinto de redentes nos quais se extravia aquele que fala de si mesmo, o imaginário é assumido por várias máscaras (*personae*), escalonadas segundo a profundidade do palco (e no entanto *ninguém* por detrás). O livro não escolhe; ele funciona por alternância, avança por lufadas de imaginário simples e de acessos críticos, mas esses mesmos acessos nunca são mais do que efeitos de repercussão; não há imaginário mais puro do que a crítica (de si). A substância deste livro, enfim, é pois totalmente romanesca. A intrusão, no discurso do ensaio, de uma terceira pessoa que não remete entretanto a nenhuma criatura fictícia, marca a necessidade de remodelar os gêneros: que o ensaio confesse ser *quase* um romance: um romance sem nomes próprios.

A loquela

Nesse 7 de junho de 1972, curioso estado: por cansaço, depressão enervada, uma loquela interior toma conta de mim, um bombardeamento de frases; quer dizer que eu me sinto ao mesmo tempo muito inteligente e muito fútil.
É exatamente o contrário da escritura, parcimoniosa no próprio gasto.

Lucidez

Este livro não é um livro de "confissões"; não porque ele seja insincero, mas porque temos hoje um saber diferente do de ontem; esse saber pode ser assim resumido: o que escrevo de mim nunca é *a última palavra*: quanto mais sou "sincero", mais sou interpretável, sob o olhar de instâncias diferentes das dos antigos autores, que acreditavam dever submeter-se a uma única lei: a *autenticidade*. Essas instâncias são a História, a Ideologia, o Inconsciente. Abertos (e como poderia ser de outro modo?) para esses diferentes futuros, meus textos se desencaixam, nenhum vem coroar o outro; este aqui não é nada mais do que um texto *a* mais, o último da série, não o último do sentido: *texto sobre texto*, nada é jamais esclarecido.

Que direito tem meu presente de falar de meu passado? Meu presente tem algum poder sobre meu passado? Que "graça" me teria iluminado? Somente a do tempo que passa, ou de uma boa causa encontrada em meu caminho?

Trata-se sempre e apenas disto: qual o projeto de escritura que apresentará, não o melhor fingimento, mas simplesmente: um *fingimento indecidível* (o que diz D. de Hegel)?

O casamento
A relação com a *Narrativa* (com a representação, com a *mimesis*) passa pelo édipo, como se sabe. Mas ela passa também, em nossas sociedades de massa, por uma relação com o casamento. Mais ainda do que o número de peças de teatro e de filmes cujo tema é o adultério, vejo um sinal disso nessa cena (penosa) de entrevista (na TV): interrogam, "cozinham" o ator J. D. acerca de suas relações com sua mulher (ela própria atriz); o entrevistador *deseja* que esse bom marido seja infiel; isso o excita, ele *exige* uma palavra duvidosa, um germe de narrativa. O casamento provoca assim grandes excitações coletivas: se suprimíssemos o édipo e o casamento, o que nos restaria *para contar*? Desaparecidos estes, a arte popular mudará de cabo a rabo.

(Ligação do édipo com o casamento: trata-se de "o" ter e de "o" transmitir.)

Uma lembrança de infância
Quando eu era criança, morávamos num bairro chamado Marrac; esse bairro era cheio de casas em construção, em cujas obras as crianças brincavam; cavavam-se grandes buracos na terra argilosa, para servir de alicerces às casas e, um dia em que tínhamos brincado num desses buracos, todos os moleques saíram de lá, exceto eu, que não pude fazê-lo; do solo, do alto, eles caçoavam de mim: perdido! sozinho! olhado! excluído! (ser excluído não é estar fora, é estar *sozinho no buraco*, prisioneiro a céu aberto: *percluso*); vi então acorrer minha mãe; ela me tirou de lá e me levou para longe das crianças, contra elas.

De manhãzinha

Fantasma da manhãzinha: durante toda a minha vida, sonhei com levantar-me cedo (desejo de classe: levantar-se para "pensar", para escrever, não para tomar o trem de subúrbio); mas essa manhãzinha do fantasma, mesmo que eu me levantasse cedo, eu nunca a veria; pois, para que ela fosse conforme a meu desejo, seria preciso que, assim que eu me levantasse, sem perda de tempo, eu a pudesse ver com o espertamento, a consciência, o acúmulo de sensibilidade que se tem à noite. Como estar *disposto* por querer? O limite de meu fantasma é sempre minha *in-disposição*.

Medusa

A Doxa é a opinião corrente, o sentido repetido, *como que casualmente*. É a Medusa: ela petrifica os que a olham. Isso quer dizer que ela é *evidente*. Será ela vista? Nem ao menos isso; é uma massa gelatinosa que cola no fundo da retina. O remédio? Adolescente, eu me banhava um dia em Malo-les-Bains, num mar frio, infestado de medusas (por que aberração ter aceitado esse banho? Estávamos em grupo, o que justifica todas as covardias); era tão frequente sair de lá coberto de queimaduras e de bolhas, que a zeladora das cabines nos estendia fleumaticamente um litro de água sanitária quando saíamos do banho. Do mesmo modo, poder-se-ia conceber um prazer (arrevesado) colhido nos produtos endoxais da cultura de massa, contanto que, ao sair de um banho dessa cultura, alguém nos estendesse cada vez, como que casualmente, um pouco de discurso detergente.

Rainha e irmã das horrendas Górgonas, Medusa era de uma beleza rara, pelo brilho de sua cabeleira. Como Netuno a raptou e a desposou num templo de Minerva, esta a tornou repulsiva e transformou seus cabelos em serpentes.

(É verdade que existem, no discurso da Doxa, velhas belezas adormecidas, a lembrança de uma sabedoria outrora suntuosa e fresca; e é exatamente Atena, a deusa sábia, que se vinga fazendo da Doxa uma caricatura de sabedoria.)

Medusa, ou a Aranha, é a castração. Ela me *sidera*. A sideração é produzida por uma cena que ouço mas não vejo: minha escuta é frustrada de sua visão: fico *atrás da porta*. A Doxa fala, eu a ouço, mas não estou em seu espaço. Homem do paradoxo, como todo escritor, estou *atrás da porta*; gostaria de a ultrapassar, gostaria de ver aquilo que se diz, participar também da cena comunitária; estou constantemente *à escuta daquilo de que sou excluído*; estou em estado de sideração, atingido, cortado da popularidade da linguagem.

A Doxa é opressiva, sabemo-lo. Mas pode ela ser repressiva? Leiamos estas terríveis palavras de um jornal revolucionário (*La Bouche de Fer*, 1790): "... é preciso pôr acima dos três poderes um poder censório de vigilância e de opinião, que pertencerá a todos, que todos poderão exercer sem representação."

Abou Nowas e a metáfora

O desejo não faz acepção de objeto. Quando um prostituto olhava Abou Nowas, Abou Nowas lia em seu olhar não o desejo de dinheiro, mas simplesmente o desejo — e isso o emocionava. Que isto sirva de apólogo a toda ciência do deslocamento: pouco importa o sentido transportado, pouco importam os termos do trajeto: a única coisa que conta — e fundamenta a metáfora — é o *próprio transporte*.

As alegorias linguísticas

Em 1959, a propósito da Argélia francesa, você dá uma análise ideológica do verbo "ser". A "frase", objeto gramatical por excelência, serve-lhe para dizer o que se passa num bar de Tânger. Você conserva a noção de "metalinguagem", mas a título de imaginário. Esse processo é constante em você: você pratica uma pseudolinguística, uma linguística metafórica: não que os conceitos gramaticais procurem imagens para se dizer, mas, exatamente ao contrário, porque esses conceitos vêm constituir alegorias, uma linguagem segunda, cuja abstração é derivada para fins romanescos: a mais séria das ciências, aquela que se encarrega do próprio ser da linguagem e fornece todo um estoque de nomes austeros, é *também* uma reserva de imagens, e como uma língua poética, ela lhe serve para enunciar o próprio de seu desejo: você descobre uma afinidade entre a "neutralização", noção que permite aos linguistas explicar muito cientificamente a perda do sentido em certas oposições pertinentes, e o *Neutro*, categoria ética de que você precisa para suspender a marca intolerável do sentido ostensivo, do sentido opressivo. E o próprio sentido, quando você o vê funcionar, é encarado com o divertimento quase pueril de um comprador que não se cansa de apertar o botão de uma engenhoca.

Enxaquecas

Tomei o hábito de dizer *enxaquecas* em vez de *dores de cabeça* (talvez porque a palavra me agrada). Essa palavra imprópria (pois não é só uma metade de minha cabeça que dói) é uma palavra socialmente exata: atributo mitológico da mulher burguesa e do homem de letras, a enxaqueca é um fato de classe: você já viu um proletário ou um pequeno comerciante ter enxaquecas? A divisão social passa por meu corpo: meu corpo é ele próprio social.

Por que no campo (no Sudoeste) tenho enxaquecas mais fortes, mais numerosas? Estou em repouso, ao ar livre, e tenho mais enxaquecas. O que estarei recalcando? Minha saudade da cidade? A retomada de meu passado em Bayonne? O tédio da infância? De que deslocamento minhas enxaquecas são a pegada? Mas talvez a enxaqueca seja uma perversão? Quando tenho dor de cabeça, seria então como se eu fosse tomado de um desejo parcial, como se eu fetichizasse um ponto preciso de meu corpo: *o interior de minha cabeça*: eu estaria pois numa relação infeliz/amorosa com meu trabalho? Uma maneira de me dividir, de desejar meu trabalho e de ter medo dele, ao mesmo tempo?

Bem diferentes das enxaquecas de Michelet, "mistos de deslumbramento e de náusea", minhas enxaquecas são foscas. Ter dor de cabeça (nunca forte demais) é para mim um modo de tornar meu corpo opaco, teimoso, amontoado, *caído*, isto é, no fim das contas (grande tema reencontrado): *neutro*. A ausência de enxaqueca, a vigília insignificante do corpo, o grau zero da cenestesia, eu as leria em suma como o *teatro* da saúde; para me assegurar de que meu corpo não está são de um modo histérico, seria preciso que eu retirasse dele, de tempo em tempo, a *marca* de sua transparência, e o vivesse como uma espécie de órgão um pouco glauco, e não como uma figura triunfante. A enxaqueca seria então um mal psicossomático (e não mais neurótico), pelo qual eu aceitaria entrar, mas *só um pouco* (pois a enxaqueca é coisa tênue), na doença mortal do homem: a carência de simbolização.

O fora de moda

Subtraída ao livro, sua vida era continuamente a de um sujeito fora de moda: quando ele estava apaixonado (pela maneira e pelo próprio fato), estava fora de moda; quando ele amava sua mãe (como teria sido se ele tivesse conhecido bem seu pai e, por infelicidade, o tivesse amado!), estava fora de moda; quando ele se sentia democrata, estava fora de moda, etc. Mas se a Moda desse uma virada suplementar, ele seria uma espécie de *kitsch* psicológico, em suma.

A moleza das grandes palavras

Há no que ele escreve duas espécies de grandes palavras. Umas são simplesmente mal-empregadas: vagas, insistentes, servem para ocupar o lugar de vários significados ("Determinismo", "História", "Natureza"). Sinto a moleza dessas grandes palavras, moles como os monstros de Dali. As outras ("escritura", "estilo") são remodeladas segundo um projeto pessoal, palavras cujo sentido é idioletal.

Embora, do ponto de vista de uma "redação sadia", essas duas classes não tenham o mesmo valor, elas se comunicam: na palavra vaga (intelectualmente) existe, extremamente viva, uma precisão existencial: a *História* é uma ideia moral; ela permite relativizar o natural e acreditar num sentido do tempo; a *Natureza* é a socialidade no que ela tem de opressivo, de imóvel, etc. Cada palavra *vira*, quer como um leite, perdendo-se no espaço desagregado da fraseologia, quer como uma verruma, até a raiz neurótica do sujeito. E outras palavras, afinal, são paqueradoras: elas seguem quem encontram: *imaginário*, em 1963, é apenas um termo vagamente bachelardiano (*EC*, 214); mas em 1970 (*S/Z*, 17), ei-la rebatizada, passada inteiramente para o sentido lacaniano (embora deformado).

A panturrilha da bailarina

Supondo-se que a *vulgaridade* seja um atentado à discrição, a escritura corre sempre o risco de ser vulgar. Nossa escritura (neste tempo) se desenvolve num espaço da linguagem que é ainda retórico e que não pode renunciar a sê-lo, se desejarmos poder (um pouco) comunicar (oferecer-se à interpretação, à análise). A escritura supõe, portanto, *efeitos de discurso*; por pouco que alguns desses efeitos sejam forçados, a escritura se torna vulgar: cada vez, por assim dizer, que ela mostra *sua panturrilha de bailarina*. (O próprio título deste fragmento é *vulgar*.)

O imaginário detido, agarrado, imobilizado sob o fantasma de escritor, como por efeito de um instantâneo fotográfico, torna-se uma espécie de *careta*; mas se a pose é voluntária, a careta muda de sentido (problema: como sabê-lo?).

Política/moral

Durante toda a minha vida, politicamente, atormentei-me. Induzo daí que o único Pai que conheci (que me dei) foi o Pai político.

É um pensamento *simples*, que me volta frequentemente, mas que nunca vejo formulado (talvez seja um pensamento *bobo*): não existe *sempre* algo de ético no político? O que fundamenta o político, ordem do real, ciência pura do real social, não é o Valor? Em nome de que um militante decide... militar? A prática política, arrancando-se justamente a toda moral e a toda psicologia, não terá ela uma origem... psicológica e moral?

(Este é um pensamento propriamente *retardado*, pois acoplando a Moral e a Política, você tem mais ou menos duzentos anos de idade, você data de 1795, ano em que a Convenção criou a Academia das Ciências Morais e Políticas: velhas categorias, velhas lanternas. — Mas onde está o *erro*? — Não é *nem mesmo* errado; isso está fora de circulação; as moedas antigas também não são falsas; são objetos de museu, retidos num consumo particular, o consumo do velho. — Mas não se pode tirar dessa velha moeda um pouco de metal útil? — O que é útil nesse pensamento tolo é que nele se reencontra, intratável, o afrontamento de duas epistemologias: o marxismo e o freudismo.)

Palavra-moda

Ele não sabe *aprofundar* direito. Uma palavra, uma figura de pensamento, uma metáfora, em suma, uma forma se apodera

• História da semiologia.

dele durante anos, ele a repete, usa-a em toda parte (por exemplo, "corpo", "diferença", "Orfeu", "Argo", etc.), mas ele não tenta ir mais adiante na reflexão sobre aquilo que entende por essas palavras ou figuras (e, se o fizesse, seria para encontrar novas metáforas à guisa de explicação): não se pode aprofundar um refrão; pode-se apenas substituí-lo por outro. É, em suma, o que faz a Moda. Ele tem assim suas modas interiores, pessoais.

Palavra-valor

As palavras preferidas que ele emprega são frequentemente agrupadas por oposição; das duas palavras do par, ele é *a favor de* uma, *contra* a outra: *produção/produto, estruturação/estrutura, romanesco/romance, sistemática/sistema, poética/poesia, arejado/ aéreo, cópia/analogia, plágio/pastiche, figuração/representação, apropriação/propriedade, enunciação/enunciado, murmúrio/ ruído, maquete/plano, subversão/contestação, intertexto/contexto, erotização/erótica*, etc. Por vezes, não se trata apenas de oposições (entre duas palavras), mas de orientações (de uma única palavra): o *automóvel* é bom como condução, mau como objeto; o *ator* está salvo se ele fizer parte da contra-Physis, condenado se pertencer à pseudo-Physis; o *artifício* é desejado se ele for baudelairiano (oposto, de modo franco, à Natureza), depreciado como *simili* (pretendendo mimar essa mesma Natureza). Assim, entre as palavras, nas próprias palavras, passa "a faca do valor" (*PlT*, 67).

Palavra-cor

Quando compro tintas, guio-me apenas por seus nomes. O nome da cor (*amarelo-indiano, vermelho-persa, verde-celádio*) traça uma espécie de região genérica no interior da qual o efeito exato, especial, da cor é imprevisível; o nome é então a promessa de um prazer, o programa de uma operação: sempre há *futuro* nos nomes plenos. Assim, quando digo que uma palavra é bela, quando a emprego porque ela me agrada, não é absolutamente por causa de seu encanto sonoro ou da originalidade de seu sentido, ou de uma combinação "poética" dos dois. A palavra me arrebata segundo essa ideia de que *vou fazer alguma coisa com ela*: é o estremecimento de um fazer futuro, algo como um *apetite*. Esse desejo mexe com todo o quadro imóvel da linguagem.

Palavra-maná

No léxico de um autor, não precisa sempre haver uma palavra-maná, uma palavra cuja significação ardente, multiforme, inagarrável e como que sagrada, dê a ilusão de que, com essa palavra, se pode responder a tudo? Essa palavra não é nem excêntrica, nem central; ela é imóvel e carregada, em deriva, nunca *instalada*, sempre *atópica* (escapando a qualquer tópica), ao mesmo tempo resto e suplemento, significante ocupando o lugar de todo significado. Essa palavra apareceu em sua obra pouco a pouco; foi primeiramente mascarada pela instância da Verdade (a da História), depois pela da Validade (a dos sistemas e das estruturas); agora, ela desabrocha; essa palavra-maná é a palavra "corpo".

A palavra transicional

Como é que a palavra se torna valor? Em nível do corpo. A teoria da palavra carnal é dada no *Michelet*: o vocabulário desse historiador, o quadro de suas palavras-valores é organizado por um estremecimento físico, o gosto ou a náusea de certos corpos históricos. Cria-se assim, mediante revezamentos de uma complicação variável, palavras "queridas", palavras "favoráveis" (no sentido mágico do termo), palavras "maravilhosas" (brilhantes e felizes). São palavras "transicionais", análogas a essas pontas de travesseiro, a esses cantos de lençol que a criança chupa com obstinação. Como para a criança, essas palavras queridas fazem parte da área de jogo; e como os objetos transicionais, elas têm um estatuto incerto; é, no fundo, uma espécie de ausência do objeto, do sentido, que elas colocam em cena: apesar da dureza de seus contornos, da força de sua repetição, são palavras fluidas, flutuantes; elas procuram tornar-se fetiches.

A palavra média

Ao falar, não estou certo de buscar a palavra justa; procuro antes evitar a palavra tola. Mas como tenho algum remorso de renunciar cedo demais à verdade, fico na *palavra média*.

O natural

A ilusão do natural é constantemente denunciada (em *Mitologias*, em *Sistema da moda*; mesmo em *S/Z*, onde se diz que a denotação é revertida em Natureza da linguagem). O natural não é de modo algum um atributo da Natureza física; é o álibi arvorado por uma maioria social: o natural é uma legalidade. Daí a necessidade crítica de fazer aparecer a lei sob esse natural, e, segundo as palavras de Brecht, "sob a regra, o abuso".

Pode-se ver a origem dessa crítica na situação minoritária do próprio R. B.; ele sempre pertenceu a alguma minoria, a alguma margem — da sociedade, da linguagem, do desejo, da profissão, e até mesmo, outrora, da religião (não era indiferente ser protestante numa classe de pequenos católicos); situação de modo algum severa, mas que marca um pouco toda a existência social: quem não sente o quanto é *natural*, na França, ser católico, casado e bem diplomado? A menor carência introduzida nesse quadro das conformidades públicas forma uma espécie de dobra tênue do que se poderia chamar a liteira social.

Contra esse "natural", posso revoltar-me de duas maneiras: recorrendo, como um legista, contra um direito elaborado sem mim e contra mim (*"Eu também tenho o direito de..."*), ou devastando a Lei majoritária por uma ação transgressiva de vanguarda. Mas ele parece ficar, estranhamente, na encruzilhada dessas duas recusas: ele tem cumplicidades de transgressão e humores individualistas. Isso dá uma filosofia da Antinatureza que permanece racional, e o *Signo* é um objeto ideal para essa filosofia: pois é possível denunciar e/ou celebrar seu arbitrário; é possível fruir dos códigos ao mesmo tempo que se imagina, com nostalgia, que um dia se possa aboli-los: como um *outsider* intermitente, posso entrar-dentro ou sair-fora da socialidade pesada, segundo meu humor — de inserção ou de distância.

Novidade/novo

Sua parcialidade (a escolha de seus valores) parece-lhe produtiva quando a língua francesa, por sorte, lhe fornece pares de palavras ao mesmo tempo próximas e diferentes, das quais uma remete àquilo de que ele gosta e outra àquilo de que ele não gosta, como se um mesmo vocábulo varresse o campo semântico e, com um movimento lesto de cauda, desse uma viravolta (é sempre a mesma estrutura: estrutura do paradigma, que é, em suma, a de seu desejo). Assim ocorre com *neuf/ nouveau*: "*nouveau*" (novo) é bom, é o movimento feliz do Texto: a inovação se justifica historicamente em toda sociedade onde, por regime, a regressão constitui ameaça; mas "*neuf*" (novidade) é mau: é preciso lutar com uma roupa nova para usá-la: o novo engonça, opõe-se ao corpo porque suprime seu jogo, o qual é garantido por certo uso: um *novo* que não fosse inteiramente uma *novidade*, tal seria o estado ideal das artes, dos textos, das roupas.

O neutro

O Neutro não é uma média de ativo e de passivo; é antes um vaivém, uma oscilação amoral, em suma, e, por assim dizer, o contrário de uma antinomia. Como valor (oriundo da região Paixão), o Neutro corresponderia à força pela qual a prática social varre e irrealiza as antinomias escolásticas (Marx, citado em *SR*, 61: "É somente na existência social que antinomias tais como subjetivismo e objetivismo, espiritualismo e materialismo, atividade e passividade, perdem seu caráter antinômico...").

Figuras do Neutro: a escritura branca, isenta de todo teatro literário — a linguagem adâmica — a insignificância deleitável — o liso — o vazio, o inconsútil — a Prosa (categoria política descrita por Michelet) — a discrição — a vacância da "pessoa", se não anulada, pelo menos tornada ilocalizável — a ausência de *imago* — a suspensão de julgamento, de processo — o deslocamento — a recusa de "assumir uma compostura" (a recusa de toda compostura) — o princípio da delicadeza — a deriva — o gozo: tudo o que esquiva, desmonta ou torna irrisórios a exibição, o domínio, a intimidação.

Nenhuma Natureza. Num primeiro tempo, tudo se reduz à luta de uma *pseudo-Physis* (Doxa, natural, etc.) e de uma *anti-Physis* (todas as minhas utopias pessoais): uma é detestável, a outra é desejável. Entretanto num tempo ulterior, essa luta mesma lhe parece demasiadamente teatral; ela é então surdamente rejeitada, distanciada pela defesa (o desejo) do Neutro. O Neutro não é pois o terceiro termo — o grau zero — de uma oposição ao mesmo tempo semântica e conflituosa; é, *num outro elo da cadeia infinita da linguagem*, o segundo termo de um novo paradigma, cuja violência (o combate, a vitória, o teatro, a arrogância) é o termo pleno.

Ativo/passivo

Viril/não viril: esse par célebre, que reina sobre toda a Doxa, resume todos os jogos de alternância: o jogo paradigmático do sentido e o jogo sexual da ostentação (todo sentido bem formado é uma ostentação: cópula e execução).

"O que é difícil não é liberar a sexualidade segundo um projeto mais ou menos libertário, é desligá-la do sentido, inclusive da transgressão como sentido. Vejam os países árabes. Transgridem-se aí facilmente certas regras da 'boa' sexualidade, por uma prática bastante fácil da homossexualidade...; mas essa transgressão permanece implacavelmente submissa a um regime estrito do sentido: o homossexualismo, prática transgressiva reproduz então imediatamente nela... o paradigma mais puro que se possa imaginar, o do *ativo/passivo*, do *possuidor/possuído*, do *gozador/ gozado*, do *comedor/comido*..." (*1971*, I). Nesses países, pois, a alternativa é pura, sistemática; não conhece nenhum termo médio ou complexo, como se fosse impossível imaginar, para essa relação de exclusão (*aut... aut*), termos extrapolares. Ora, essa alternativa é sobretudo verbalizada por rapazes burgueses ou pequeno-burgueses que, situados no campo da promoção, precisam de um discurso ao mesmo tempo *sádico* (anal) e *claro* (arcabouçado sobre o sentido); eles querem um paradigma puro do sentido e do sexo, sem fuga, sem falha, sem transbordamento para as margens.

Entretanto, assim que a alternativa é recusada (assim que o paradigma é perturbado), a utopia começa: o sentido e o sexo se tornam objeto de um jogo livre, no seio do qual as formas (polissêmicas) e as práticas (sensuais), liberadas da prisão binária, alcançarão um estado de expansão infinita. Assim podem nascer um texto gongórico e uma sexualidade feliz.

A acomodação

Quando eu leio, *acomodo*: não só o cristalino de meus olhos, mas também o de meu intelecto, para captar o bom nível de significação (aquele que me convém). Uma linguística fina não deveria mais ocupar-se com as "mensagens" (para o diabo, as "mensagens"!), mas com essas acomodações, que procedem sem dúvida por níveis e por limiares: cada qual *curva* seu espírito, como um olho, para captar na massa do texto aquela *inteligibilidade* de que ele necessita para conhecer, para gozar, etc. Nisso a leitura é um trabalho: há um músculo que a curva. É somente ao olhar o infinito que o olho normal não tem necessidade de acomodar-se. Da mesma forma, se eu pudesse ler um texto *no infinito*, não precisaria curvar mais nada em mim. É o que se passa postulativamente diante do texto dito de vanguarda (não tente então acomodar: você não vai perceber nada).

O nume

Predileção pelas palavras de Baudelaire, várias vezes citadas (principalmente a respeito da luta livre): "A verdade enfática do gesto nas grandes circunstâncias da vida." Ele chamou, a esse excesso de pose, *nume* (que é gesto silencioso dos deuses pronunciando o destino humano). O *nume* é a histeria coagulada, eternizada, aprisionada, pois enfim a temos imóvel, encadeada sob um longo olhar. Daí meu interesse pelas poses (com a condição de que elas estejam enquadradas), as pinturas nobres, os quadros patéticos, os olhos alçados para o céu, etc.

Passagem dos objetos no discurso

Diferente do "conceito" e da "noção", que são puramente ideais, o objeto intelectual se cria por uma espécie de pressão sobre o significante: basta-me *levar a sério* uma forma (etimologia, derivação, metáfora) para criar a mim mesmo uma espécie de *pensamento-palavra* que vai correr em minha linguagem como o anel, no jogo, corre de mão em mão. Essa palavra-objeto é ao mesmo tempo *investida* (desejada) e *superficial* (é usada e não aprofundada); ela tem uma existência ritual; dir-se-ia que, em determinado momento, eu a *batizei* com meu sinal.

Convém, pensava ele, que, por atenção para com o leitor, no discurso do ensaio passe, de quando em vez, um objeto sensual (aliás, em *Werther*, passam de repente certas ervilhas cozidas na manteiga, uma laranja que se descasca e se reparte em gomos). Duplo benefício: aparição suntuosa de uma materialidade e distorção, desvio brusco imposto ao murmúrio intelectual.

Michelet deu-lhe o exemplo: que relação existe entre o discurso anatômico e a flor da camélia? — "O cérebro de uma criança, diz Michelet, não é nada mais do que a flor leitosa da camélia." Daí, sem dúvida, o hábito de *se distrair*, ao escrever, em enumerações heteróclitas. Não há uma espécie de volúpia em fazer passar, como um sonho perfumado, numa análise da sócio-lógica (*1962*), "a cereja selvagem, a canela, a baunilha e o xerez, o chá do Canadá, a lavanda, a banana"; em descansar do peso de uma demonstração semântica pela visão de "asas, caudas, cimeiras, panaches, cabelos, echarpes, fumaças, balões, caudas, cintos e véus" com os quais Erté forma as letras de seu alfabeto (*Er*, 68) — ou ainda, em inserir numa revista de sociologia "as calças de brocado, os casacos drapeados, e as longas camisolas brancas" com as quais se vestem os *hippies* (*1969*)? Não basta fazer passar no discurso crítico uma "rodela azulada de fumaça" para que você tenha a coragem simplesmente... *de o copiar*?

(Assim, por vezes, nos haicais do Japão, a linha das palavras escritas se abre bruscamente e é o próprio desenho do monte Fuji ou de uma sardinha que vem gentilmente ocupar o lugar da palavra despedida.)

Odores

Em Proust, três sentidos em cinco conduzem a lembrança. Mas para mim, pondo-se de lado a voz, menos sonora finalmente do que, por seu timbre, *perfumada*, a lembrança, o desejo, a morte, a volta impossível, não estão desse lado; meu corpo não entra nessa história da *madeleine*, das pedras de calçamento e das toalhas de Balbec. Daquilo que não mais voltará, é o

odor que me volta. Assim, o odor de minha infância baionesa: como o mundo circundado pela *mandala*, Bayonne inteira se resume num odor composto, o do Petit-Bayonne (bairro entre os rios Nive e Adour): a corda trabalhada pelos fabricantes de sandálias, a mercearia obscura, a cera das madeiras velhas, os vãos de escada abafados, o negro das velhas bascas, negras até a cúpula de pano que segurava seus coques, o azeite espanhol, a umidade das oficinas e das pequenas lojas (encadernadores, bufarinheiros), a poeira de papel da biblioteca municipal (onde aprendi a sexualidade em Suetônio e Marcial), a cola dos pianos em conserto na casa Bossière, algum eflúvio de chocolate, produto da cidade, tudo isso consistente, histórico, provinciano e meridional. (*Ditado.*)
(Lembro-me, com loucura, dos odores: é porque envelheço.)

Da escritura à obra

Armadilha da enfatuação: fazer crer que ele aceita considerar o que escreveu como uma "obra", passar de uma contingência de escritos à transcendência de um produto unitário, sagrado. A palavra "obra" já é imaginária.

A contradição se situa exatamente entre a escritura e a obra (o Texto é uma palavra magnânima: ele não faz acepção dessa diferença). Gozo continuamente, sem fim, sem termo, da escritura, como de uma produção perpétua, de uma dispersão incondicional, de uma energia de sedução que nenhuma defesa legal do sujeito lançado sobre a página pode mais deter. Mas, em nossa sociedade mercantil, é preciso chegar a uma "obra": é preciso construir, isto é, *terminar* uma mercadoria. Enquanto escrevo, a escritura é assim a todo instante esmagada, banalizada, culpabilizada pela obra para a qual ela precisa concorrer. Como escrever, através de todas as armadilhas que me prepara a imagem coletiva da obra? — Pois bem, *cegamente*. A cada instante do trabalho, perdido, assustado e empurrado, só posso dizer a mim mesmo a palavra final de *Huis-clos* de Sartre: *continuemos.*

A escritura é esse *jogo* pelo qual eu me viro, bem ou mal, num espaço estreito: estou apertado, arranjo-me entre a histeria necessária para escrever e o imaginário, que vigia, iça, purifica, banaliza, codifica, impõe a mira (e a visão) de uma comunicação social. Por um lado, quero que me desejem, por outro, que não me desejem: histérico e obsessivo ao mesmo tempo.

E, no entanto: quanto mais me dirijo para a obra, mais mergulho na escritura; aproximo-me de seu fundo insustentável; um deserto se revela; produz-se, fatal, dilacerante, uma espécie de *perda de simpatia*: não me sinto mais *simpático* (para os outros, para mim mesmo). É nesse ponto de contato entre a escritura e a obra que a dura verdade me aparece: *não sou mais uma criança.* Ou então, será a ascese do gozo que descubro?

"Sabe-se"

Uma expressão aparentemente expletiva ("sabe-se que", "é sabido...") coloca-se à frente de alguns desenvolvimentos: ele remete à opinião corrente, ao saber comum, a proposição de que vai partir: ele assume a tarefa de reagir contra uma banalidade. E, frequentemente, o que ele precisa desmontar não é a banalidade da opinião corrente, é a sua própria; o discurso que lhe vem primeiro é banal, e é somente enquanto ele luta com essa banalidade original que, pouco a pouco, escreve. Ele precisa descrever sua situação num bar de Tânger? O que acha para dizer, primeiramente, é que ele constitui ali o lugar de uma "linguagem interior": bela descoberta! Ele tenta então desvencilhar-se dessa banalidade que o envisga e descobrir nela uma partícula de ideia com a qual ele tenha alguma relação de desejo: a Frase! Nomeado esse objeto, tudo está salvo; qualquer coisa que ele escreva (não é uma questão de desempenho) será sempre um

discurso investido, onde o corpo fará sua aparição (a banalidade é o discurso sem corpo).
Em suma, o que ele escreve procederia de uma banalidade *corrigida*.

Opacidade e transparência

Princípio de explicação: esta obra vai entre dois termos:
— no termo original, há a opacidade das relações sociais. Essa opacidade desvendou-se imediatamente sob a forma opressora do estereótipo (as figuras obrigatórias da redação escolar, os romances comunistas no *Grau zero da escrita*). Em seguida, mil outras formas da Doxa;
— no termo final (utópico), há a transparência: o sentimento terno, o voto, o suspiro, o desejo de um repouso, como se a consistência da interlocução social pudesse um dia clarear, tornar--se leve, rendada até a invisibilidade.

1. A divisão social produz uma opacidade (paradoxo aparente: onde existe uma grande divisão social, temos uma aparência opaca, maciça).
2. Contra essa opacidade, o sujeito se debate, de todos os modos possíveis.
3. Entretanto, se ele próprio for um sujeito de linguagem, seu combate não pode ter, diretamente, uma saída política, pois isso seria reencontrar a opacidade dos estereótipos. Esse combate toma pois o movimento de um apocalipse: ele divide excessivamente, ele exaspera todo um jogo de valores, e, ao mesmo tempo, ele vive utopicamente — poder-se-ia dizer: *ele respira*: a transparência final das relações sociais.

A antítese

Sendo a figura da oposição a forma exasperada do binarismo, a Antítese é o próprio espetáculo do sentido. Dela se sai: quer pelo neutro, quer pelo escape no real (o confidente raciniano quer abolir a antítese trágica, *SR*, 61), quer pelo suplemento (Balzac suplementa a Antítese sarrasiniana, *S/Z*, 33), quer pela invenção de um terceiro termo (a deportação).

Ele próprio, entretanto, recorre de bom grado à Antítese (por exemplo: "A liberdade na vitrina, a título decorativo, mas a ordem em casa, a título constitutivo", *My*, 133). Mais uma contradição?

— Sim, e que receberá sempre a mesma explicação: a Antítese é *um roubo de linguagem*: tomo emprestada a violência do discurso corrente, em proveito de minha própria violência, do *sentido-para-mim*.

A defecção das origens

Seu trabalho não é anti-histórico (pelo menos, ele o espera), mas sempre, obstinadamente, antigenético, pois a Origem é uma figura perniciosa da Natureza (da *Physis*): por um abuso interessado, a Doxa "esmaga" juntas a Origem e a Verdade, para fazer delas uma única prova, uma e outra se relançando, segundo um torniquete cômodo: as ciências humanas não são *etimológicas*, procurando o *étymon* (origem e verdade) de todo fato?

Para desmontar a Origem, ele culturaliza, primeiramente e a fundo, a Natureza: nenhum natural, em lugar algum, apenas o histórico; em seguida (convencido, como Benveniste, de que toda cultura é apenas linguagem), ele recoloca essa cultura no movimento infinito dos discursos, montados um sobre o outro (e não engendrados) como no jogo de mão.

Oscilação do valor

Por um lado, o Valor reina, decide, separa, coloca o bem de um lado, o mal de outro (*a novidade/o novo, a estrutura/a estruturação*, etc.): o mundo significa fortemente, já que tudo é tomado no paradigma do gosto/não gosto.

Por outro lado, toda oposição é suspeita, o sentido cansa e pede repouso. O Valor, que armava tudo, é desarmado, absorvido

numa utopia: nenhuma oposição, nenhum sentido, nenhum Valor, e essa abolição não deixa resto.
O Valor (e com ele o sentido) oscila assim, constantemente. A obra, em seu todo, claudica entre uma aparência de maniqueísmo (quando o sentido é forte) e uma aparência de pirronismo (quando se deseja sua isenção).

Paradoxa
(Correção do Paradoxo)

Reina no campo intelectual um fraccionismo intenso: opomo--nos, termo a termo, ao mais próximo, mas permanecemos no mesmo "repertório": em neuropsicologia animal, o repertório é o conjunto de objetivos em função dos quais determinado animal age: por que fazer ao rato perguntas humanas, se seu "repertório" é de rato? Por que fazer a um pintor de vanguarda perguntas de professor? A prática paradoxal se desenvolve num repertório ligeiramente diverso, que é antes o do escritor: não nos opomos a valores *nomeados*, fraccionados; caminhamos à margem desses valores, fugimos deles, esquivamo-nos: *pegamos a tangente*; não é a bem dizer uma contramarcha (palavra entretanto cômoda, de Fourier); o que se teme é cair na oposição, na agressão, isto é, no *sentido* (já que o sentido é sempre o desencadear de um contratermo), isto é, ainda: naquela solidariedade semântica que une os contrários simples.

O ligeiro motor da paranoia

Discreto, muito discreto motor da paranoia: quando ele escreve (talvez todos escrevam assim), luta a distância com alguma coisa, com alguém inominado (que só ele poderia nomear). Que moção *vindicativa* jazia na origem de certa frase — entretanto geral, apaziguada? Não há escritura que não seja, aqui e ali, *sorrateira*. O móvel foi apagado, subsiste o efeito: essa subtração define o discurso estético.

Falar/beijar
   Segundo uma hipótese em Leroi-Gourhan, foi quando pôde liberar seus membros anteriores da marcha e, portanto, sua boca da predação, que o homem pôde falar. Acrescento: *e beijar*. Pois o aparelho fonatório é também o aparelho oscular. Passando à postura ereta, o homem ficou livre para inventar a linguagem e o amor: talvez seja este o nascimento antropológico de uma dupla perversão concomitante: a palavra e o beijo. Assim sendo, quanto mais os homens se liberaram (com a boca), mais falaram e beijaram; e, logicamente, quando, pelo progresso, os homens se livrarem de toda tarefa manual, não farão mais do que discorrer e beijar!
   Imaginemos, para essa dupla função localizada num mesmo lugar, uma transgressão única, que nasceria de um uso simultâneo da palavra e do beijo: *falar beijando, beijar falando*. É preciso crer que essa volúpia existe, já que os amantes não cessam de "beber as palavras dos lábios amados". O que eles saboreiam então, na luta amorosa, é o jogo do sentido que desabrocha e se interrompe: a função *que se perturba*: em uma só palavra: *o corpo tartamudeado*.

Os corpos que passam
   "Uma noite, meio adormecido numa banqueta de bar..." (*PlT*, 79). Eis pois o que eu fazia nessa "boate" de Tânger: eu cochilava. Ora, a boate, na pequena sociologia das cidades, é reputada como lugar de vigília e de ação (trata-se de falar, de comunicar, de encontrar, etc.); pelo contrário, a boate é aqui um lugar de semiausência. Esse espaço não é desprovido de corpos, eles estão mesmo bastante próximos, e é o que importa; mas esses corpos, anônimos, animados de leves movimentos, deixam-me num estado de ócio, de irresponsabilidade e de flutuação: toda a gente está ali, ninguém me pede nada, ganho dos dois lados: na boate, o corpo do outro nunca se transforma em "pessoa" (civil, psicológica, social, etc.): ele me propõe seu passeio, não sua

interlocução. Como uma droga especialmente adaptada à minha organização, a boate pode então tornar-se o lugar de trabalho de minhas frases: não sonho, fraseio: é o corpo olhado, e não mais o corpo escutado, que toma uma função *fática* (de contato), mantendo, entre a produção de minha linguagem e o desejo flutuante de que se nutre essa produção, uma relação de vigília, não de mensagem. A boate é, em suma, o lugar *neutro*: é a utopia do terceiro termo, a deriva para longe do par demasiadamente puro: *falar/calar-se*.

No trem, tenho ideias: circulam a meu redor, e os corpos que passam agem como facilitadores. No avião, é exatamente o contrário: estou imóvel, socado, cego; meu corpo, e portanto meu intelecto, estão mortos: só tenho à minha disposição a passagem do corpo envernizado e ausente da aeromoça, circulando como uma mãe indiferente entre os berços de uma creche.

O jogo, o pastiche

Dentre as numerosas ilusões que ele cultiva sobre si mesmo, existe esta, tenaz: que ele gosta de *jogar*, e, portanto, que tem o poder de fazê-lo; ora, ele nunca fez um pastiche (pelo menos voluntariamente), exceto quando estava no liceu (sobre o *Criton*, 1974), embora muitas vezes tivesse tido vontade de o fazer. Pode haver uma razão teórica para isso: quando se trata de *desmontar o jogo* do sujeito, *jogar* é um método ilusório, e mesmo de efeito contrário ao que se busca: o sujeito de um jogo é mais consistente do que nunca; o verdadeiro jogo não está em mascarar o sujeito, mas em mascarar o próprio jogo.

Patchwork

Comentar-me? Que tédio! Eu não tinha outra solução a não ser a de me *re-escrever* — de longe, de muito longe — de agora: acrescentar aos livros, aos temas, às lembranças, aos textos, uma outra enunciação, sem saber jamais se é de meu passado ou de meu presente que falo. Lanço assim sobre a obra escrita, sobre o corpo e o *corpus* passados, tocando-os de leve, uma espécie de *patchwork*, uma coberta rapsódica feita de quadrados costurados. Longe de aprofundar, permaneço na superfície, porque desta vez se trata de "mim" (do Eu) e porque a profundidade pertence aos outros.

A cor

A opinião corrente quer sempre que a sexualidade seja agressiva. Assim, a ideia de uma sexualidade feliz, suave, sensual, jubilosa, não se encontra em nenhum escrito. Onde a ler, portanto? Na pintura, ou ainda melhor: na cor. Se eu fosse pintor, pintaria apenas cores: esse campo também me parece liberado da Lei (nenhuma Imitação, nenhuma Analogia) e da Natureza (pois, afinal, todas as cores da Natureza não vêm dos pintores?).

A pessoa dividida?

Para a metafísica clássica, não havia nenhum inconveniente em "dividir" a pessoa (Racine: "Trago dois homens em mim"); muito pelo contrário, provida de dois termos opostos, a pessoa funcionava como um bom paradigma (*alto/baixo, carne/espírito, céu/terra*); as partes em luta se reconciliavam na fundação de um sentido: o sentido do Homem. Eis por que, quando falamos hoje de um sujeito dividido, não é de modo algum para reconhecer suas contradições simples, suas duplas postulações, etc.; é uma *difração* que se visa, uma fragmentação em cujo jogo não resta mais nem núcleo principal, nem estrutura de sentido: não sou contraditório, sou disperso.

Como você explica, como você tolera essas contradições? Filosoficamente, parece que você é materialista (se essa palavra não soar como velha demais); eticamente, você se divide: quanto ao corpo, você é hedonista, quanto à violência, seria preferivelmente budista! Não gosta da fé, mas tem alguma nostalgia dos ritos, etc. Você é um mosaico de reações: existe em você algo que seja *primeiro*?

Qualquer classificação que leia, provoca em você o desejo de se colocar no quadro: qual é seu lugar? Você pensa, de início, tê-lo encontrado; mas pouco a pouco, como uma estátua que se desagrega ou um relevo que se desgasta, se achata e perde a forma, ou, melhor ainda, como Harpo Marx perdendo sua barba postiça sob o efeito da água que bebe, você não é mais classificável, não por excesso de personalidade, mas, pelo contrário, porque você percorre todas as franjas do espectro: você reúne traços pretensamente distintivos que, a partir daí, não distinguem mais nada; você descobre que é, ao mesmo tempo (ou alternadamente) obsessivo, histérico, paranoico e além disso perverso (sem falar das psicoses amorosas), ou que você adiciona todas as filosofias decadentes: epicurismo, eudemonismo, asianismo, maniqueísmo, pirronismo.

"Tudo se fez em nós porque somos nós, sempre nós, e nem por um minuto os mesmos." (Diderot, *Réfutation d'Helvétius*.)

Partitivo

Pequeno-burguês: esse predicado pode vir colar-se a qualquer sujeito; desse mal ninguém está salvo (é normal: toda a cultura francesa, para além dos livros, passa por aí): no operário, no empresário, no professor, no estudante contestatário, no militante, em meus amigos X., Y., e em mim, claro, *há algo de pequeno--burguês*: é um massivo-partitivo. Ora, existe outro objeto de linguagem que apresenta o mesmo caráter móvel e pânico, e figura no discurso teórico como um puro partitivo: é o Texto: não posso dizer que tal obra é um Texto, mas somente que nela *há algo de Texto*. Texto e *pequeno-burguês* formam assim uma mesma substância universal, aqui nociva, ali exaltante; eles têm a mesma função discursiva: a de um operador universal de valor.

Bataille, o medo
Bataille, em suma, me toca pouco: que tenho eu a ver com o riso, a devoção, a poesia, a violência? Que tenho eu a dizer do "sagrado", do "impossível"?
No entanto, basta que eu faça coincidir toda essa linguagem (estranha) com uma perturbação que em mim se chama *medo*, para que Bataille me reconquiste: tudo o que ele escreve, então, me descreve: a coisa pega.

Fases

Intertexto	Gênero	Obras
(Gide)	(desejo de escrever)	–
Sartre	mitologia	*O grau zero*
Marx	social	Escritos sobre o teatro
Brecht		*Mitologias*
Saussure	semiologia	*Elementos de semiologia* *Sistema da moda*
Sollers		*S/Z*
Julia Kristeva	textualidade	*Sade, Fourier, Loyola*
Derrida Lacan		*O império dos signos*
(Nietzsche)	moralidade	*O prazer do texto* *R. B. por ele mesmo*

Observações: 1. o intertexto não é, forçosamente, um campo de influências; é antes uma música de figuras, de metáforas, de pensamentos-palavras; é o significante como *sereia*; 2. *moralidade* deve ser entendida como o exato contrário da moral (é o pensamento do corpo em estado de linguagem); 3. primeiramente *intervenções* (mitológicas), depois *ficções* (semiológicas), em seguida estilhaços, fragmentos, *frases*; 4. entre os períodos, evidentemente, há encavalamentos, voltas, afinidades, sobrevivências; são em geral os artigos (de revista) que assumem esse papel conjuntivo; 5. cada fase é reativa: o autor reage quer ao discurso que o cerca, quer a seu próprio discurso, se um e outro começam a tomar demasiada consistência; 6. assim como um prego empurra o outro, segundo se diz, uma perversão expulsa uma neurose: à obsessão política e moral, sucede um pequeno delírio científico, desfeito por sua vez pelo gozo perverso (com um fundo de fetichismo); 7. o recorte de um tempo, de uma obra, em fases de evolução — embora se trate de uma operação imaginária — permite entrar no jogo da comunicação intelectual: a gente se torna *inteligível*.

Efeito benfazejo de uma frase

X. me conta que um dia ele decidiu "exonerar sua vida de seus amores infelizes", e que essa *frase* lhe pareceu tão bem-feita a ponto de quase bastar para compensar os malogros que a provocaram; ele se comprometeu então (e me comprometeu) a aproveitar mais dessa *reserva de ironia* que existe na linguagem (estética).

• A moda estruturalista.
A moda atinge o corpo. Pela moda, volto em meu texto como farsa, como caricatura. Uma espécie de "isto" coletivo substitui a imagem que eu pensava ter de mim, e "isto" sou eu.

O texto político

O Político é, subjetivamente, uma fonte contínua de tédio e/ou de gozo; é, além disso e *de fato* (isto é, apesar das arrogâncias do sujeito político), um espaço obstinadamente polissêmico, o lugar privilegiado de uma interpretação perpétua (se ela for suficientemente sistemática, uma interpretação nunca será aí desmentida, até o infinito). Poder-se-ia concluir, dessas duas constatações, que o Político é o *textual* puro: uma forma exorbitante, exasperada, do Texto, uma forma inédita que, por seus transbordamentos e suas máscaras, ultrapassa talvez nosso entendimento atual do Texto. E como Sade produziu o mais puro dos textos, creio compreender que o Político me agrada como texto *sadiano* e me desagrada como texto *sádico*.

O alfabeto

Tentação do alfabeto: adotar a sequência das letras para encadear fragmentos é entregar-se ao que faz a glória da linguagem (e que provoca o desespero de Saussure): uma ordem imotivada (fora de qualquer imitação), que não é arbitrária (já que toda gente a conhece, a reconhece e se entende a seu respeito). O alfabeto é eufórico: terminadas a angústia do "plano", a ênfase do "desenvolvimento", as lógicas retorcidas, terminadas as dissertações! uma ideia por fragmento, um fragmento por ideia, e para a sequência desses átomos, nada mais do que a ordem milenária e louca das letras francesas (que são elas próprias objetos insensatos — privados de sentido).

Ele não define uma palavra, ele nomeia um fragmento; ele faz exatamente o inverso do dicionário: a palavra sai do enunciado, ao invés de o enunciado derivar da palavra. Do glossário, apenas retenho o princípio mais formal: a ordem de suas unidades. Essa ordem, entretanto, pode ser maliciosa: ela produz, por vezes, efeitos de sentido; e se esses efeitos não forem desejados, é preciso romper a ordem alfabética em proveito de uma regra superior: a da ruptura (da heterologia): impedir que um sentido "pegue".

A ordem de que não me lembro mais

Ele se lembra mais ou menos da ordem em que escreveu esses fragmentos; mas de onde vinha essa ordem? segundo que classificação, que sequência? Ele não se lembra mais. A ordem alfabética apaga tudo, recalca toda origem. Talvez, em certos trechos, determinados fragmentos pareçam seguir-se por afinidade; mas o importante é que essas pequenas redes não sejam emendadas, que elas não deslizem para uma única e grande rede que seria a estrutura do livro, seu sentido. É para deter, desviar, dividir essa inclinação do discurso para um destino do sujeito, que, em determinados momentos, o alfabeto nos chama à ordem (da desordem) e nos diz: *Corte! Retome a história de outra maneira* (mas também, por vezes, pela mesma razão, é preciso romper o alfabeto).

A obra como poligrafia

Imagino uma crítica antiestrutural; ela não buscaria a ordem, mas a desordem da obra; bastaria, para tanto, que ela considerasse toda obra como uma *enciclopédia*: não poderíamos definir cada texto pelo número de objetos díspares (de saber, de sensualidade) que ele traz à baila, graças a simples figuras de contiguidade (metonímias e assíndetos)? Como enciclopédia, a obra extenua uma lista de objetos heteróclitos, e essa lista é a antiestrutura da obra, sua obscura e doida poligrafia.

A linguagem-sacerdotisa

No que concerne aos ritos, será tão desagradável ser sacerdote? Quanto à fé, que sujeito humano pode predizer que um dia não seja conforme com sua economia a "crença" — nisso ou naquilo? É para a linguagem que isso não funcionaria: a linguagem-sacerdotisa? Impossível.

O discurso previsível

Tédio dos discursos previsíveis. A previsibilidade é uma categoria estrutural, pois é possível dar os modos de expectativa ou de encontro (em suma: de *suspense*) dos quais a linguagem é o palco (fizeram-no para a narrativa); poder-se-ia, pois, fundamentar uma tipologia dos discursos em seu grau de previsibilidade. *Texto dos mortos*: texto litânico em que não se pode mudar uma palavra.

(Ontem à noite, depois de ter escrito isso: no restaurante, na mesa ao lado, dois indivíduos conversam, em voz não exatamente alta mas bem forjada, bem imposta, bem timbrada, como se uma escola de dicção os tivesse preparado para serem escutados pelos vizinhos, em locais públicos: tudo o que eles dizem, frase por frase (sobre alguns nomes de amigos seus, sobre o último filme de Pasolini), tudo é absolutamente conforme, previsto: nenhuma falha no sistema endoxal. Concordância dessa voz que não escolhe ninguém e da Doxa inexorável: é a *jactância*.)

Projetos de livros

(Estas ideias são de diferentes épocas): *Diário do Desejo* (o dia a dia do Desejo, no campo da realidade). *A Frase* (ideologia e erótica da Frase). *Nossa França* (novas mitologias da França de hoje; ou melhor: sou feliz/infeliz de ser francês?). *O amador* (registrar o que me acontece quando pinto). *Linguística da Intimidação* (do Valor, da guerra dos sentidos). *Mil fantasmas* (escrever seus fantasmas, não seus sonhos). *Etologia dos intelectuais* (tão importante como os costumes das formigas). *O discurso da homossexualidade* (ou: os discursos da homossexualidade, ou ainda: os discursos das homossexualidades). Uma *Enciclopédia da alimentação* (dietética, história, economia, geografia e sobretudo *simbólica*). Uma *Vida dos homens ilustres* (ler muitas biografias e nelas recolher certos traços, certos biografemas, como foi feito para Sade e Fourier). Uma *Antologia de estereótipos visuais* ("Vi um norte-africano vestido de escuro, com o *Monde* embaixo do braço, fazendo o cerco de uma moça loura sentada num café"). *O Livro/a Vida* (pegar um livro clássico e relacionar com ele tudo o que acontece na vida, durante um ano). *Incidentes* (minitextos, recados, haicais, anotações, jogos de sentido, tudo o que cai, como uma folha), etc.

Relação com a psicanálise

Sua relação com a psicanálise não é escrupulosa (sem que ele possa, entretanto, prevalecer-se de qualquer contestação, de qualquer recusa). É uma relação *indecisa*.

Psicanálise e psicologia

Para que a psicanálise possa falar, é preciso que ela se apodere de outro discurso, de um discurso um pouco canhestro, que ainda não é psicanalítico. Esse discurso distante, esse discurso *atrasado* — embaraçado de cultura velha e de retórica —, é aqui, por placas, o discurso psicológico. Seria, em suma, a função da psicologia oferecer-se como um bom objeto para a psicanálise.

(Complacência para com quem nos domina; tive, assim, no Liceu Louis-le-Grand, um professor de história que, tendo necessidade de ser desrespeitado, como de uma droga cotidiana, oferecia obstinadamente aos alunos mil ocasiões de bagunça: disparates, ingenuidades, palavras com duplo sentido, posturas ambíguas, e até mesmo a tristeza que ele imprimia a todas essas condutas secretamente provocantes; tendo logo compreendido isso, os alunos se abstinham, certos dias, sadicamente, de anarquizá-lo.)

"Que quer dizer isto?"

Paixão constante (e ilusória) de apor a qualquer fato, mesmo o menor deles, não a pergunta da criança *por quê?*, mas a pergunta do antigo grego, a questão do sentido, como se todas as coisas estremecessem de sentidos: *que quer dizer isto?* É preciso, a qualquer preço, transformar o fato em ideia, em descrição, em interpretação, em suma, encontrar para ele *outro nome que não o seu*. Essa mania não faz acepção de futilidade: por exemplo, se constato — e apresso-me a constatá-lo — que, estando no campo, gosto de urinar no jardim e não em outra parte, quero imediatamente saber *o que isso significa*. Essa fúria de tornar significantes os fatos mais simples marca socialmente o sujeito, como um vício: *não se deve desengatar a cadeia dos nomes, não se deve desencadear a linguagem*: o excesso de nominação é sempre ridicularizado (M. Jourdain, Bouvard e Pécuchet).

(Aqui mesmo, exceto nas *Anamneses*, cujo preço é exatamente este, não se suporta nada que deixe de significar; não se ousa deixar o fato num estado de in-significância; é o movimento da fábula que tira de qualquer fragmento de real uma lição, um sentido. Um livro inverso poderia ser concebido: que contasse mil "incidentes", proibindo-se de jamais arrancar-lhes uma linha sequer de sentido; seria precisamente um livro de haicais.)

Que raciocínio?

O Japão é um valor positivo, o balbucio é um valor negativo. Ora, os japoneses balbuciam. Não seja por isso: bastará dizer que esse balbucio não é negativo ("é o corpo inteiro... que mantém conosco uma espécie de balbucio, do qual o perfeito domínio dos códigos retira todo caráter regressivo, infantil", *EpS*, 20). R. B. faz exatamente o que ele diz que Michelet faz: "Existe certamente um determinado tipo de casualidade micheletista, mas essa casualidade fica prudentemente relegada às regiões improváveis da moralidade. São 'necessidades' de ordem moral, postulados inteiramente psicológicos...: *é preciso* que a Grécia não tenha sido homossexual, já que ela é toda luz, etc." (*Mi*, 33). *É preciso* que o balbucio japonês não seja regressivo, já que os japoneses são amáveis.

O "raciocínio" é feito, em suma, de um encadeamento de metáforas: ele toma um fenômeno (a conotação, a letra Z), e submete-o a uma avalancha de pontos de vista; o que preenche o lugar da argumentação é o desdobramento de uma imagem: Michelet "come" a História; portanto, ele "pasta" e "anda" nela, etc.: tudo o que acontece a um animal que pasta será assim aplicado a Michelet: a aplicação metafórica assumirá o papel de uma explicação.

Pode-se chamar de "poético" (sem julgamento de valor) todo discurso no qual a palavra conduz a ideia: se você ama as palavras a ponto de sucumbir a elas, você se retira da lei do significado, da escrevência. É, ao pé da letra, um discurso *onírico* (nosso sonho agarra as palavras que passam sob seu nariz e faz delas uma história). Meu próprio corpo (e não somente minhas ideias) pode *ajustar-se* às palavras, ser, de certo modo, criado por elas: certo dia, descubro em minha língua uma placa vermelha que parece uma escoriação — indolor, além de tudo, o que vai de par, acho eu, com o câncer! Mas visto de perto, esse sinal não é mais do que uma ligeira descamação da película esbranquiçada que recobre a língua. Não posso jurar que todo esse pequeno *script* obsessivo não tenha sido montado para usar essa palavra rara, saborosa graças a sua exatidão: uma *escoriação*.

O recesso

Em tudo isto existem riscos de recesso: o sujeito fala de si (risco de psicologismo, risco de enfatuação), ele enuncia por fragmentos (risco de aforismo, risco de arrogância).

Este livro é feito daquilo que não conheço: o inconsciente e a ideologia, coisas que só se falam pela voz dos outros. Não posso colocar em cena (em texto), *como tais*, o simbólico e o ideológico que me atravessam, já que sou sua mancha cega (o que me pertence propriamente é *meu* imaginário, é *minha* fantasmática: daí este livro). Da psicanálise e da crítica política, só posso dispor à maneira de Orfeu: sem nunca me voltar para trás, sem nunca as olhar, as declarar (ou muito pouco: apenas o suficiente para relançar minha interpretação na corrida do imaginário).

O título desta coleção (*X por ele mesmo*) tem um alcance analítico: *eu por mim mesmo?* Mas esse é exatamente o programa do imaginário! Como é que os raios do espelho reverberam, repercutem sobre mim? Para além dessa zona de difração — a única sobre a qual posso lançar um olhar, sem, entretanto, jamais poder excluir dela aquele que dela falará —, existe a realidade, e existe ainda o simbólico. Quanto a este, não tenho nenhuma responsabilidade (já tenho muito o que fazer com meu imaginário!): ao Outro, à transferência, e pois *ao leitor*.

E tudo isso se faz, fica aqui bem evidente, através da Mãe, presente ao lado do Espelho.

O reflexo estrutural

Como o esportivo se regozija de seus bons reflexos, o semiólogo aprecia poder captar vivamente o funcionamento de um paradigma. Lendo o *Moisés* de Freud, ele se regozija de surpreender o puro desencadeamento do sentido; o prazer é tanto mais intenso porquanto é aqui a oposição de duas simples letras que conduz, de aproximação a aproximação, à oposição de duas religiões: *Amon/Aton*: toda a história do judaísmo na passagem do "m" ao "t".

(O reflexo estrutural consiste em *recuar* o mais longamente possível a pura diferença, até a extremidade de um tronco comum: que o sentido estale, puro e seco, *in extremis*; que a vitória do sentido seja conquistada no último instante, como num bom *thriller*.)

O reino e o triunfo

No pandemônio dos discursos sociais, dos grandes socioletos, distingamos duas variedades de arrogância, dois modos monstruosos de dominação retórica: o *Reino* e o *Triunfo*. A Doxa não é triunfalista; ela se contenta com reinar; ela difunde, ela gruda; é uma dominância legal, natural; é uma geleia geral, espalhada com as bênçãos do Poder; é um Discurso universal, um modo de jactância que já está de tocaia no simples fato de tecer um discurso (sobre qualquer coisa): daí a afinidade do discurso endoxal com a radiofonia: quando morreu Pompidou, durante três dias, *a coisa escorreu, difundiu-se*. Pelo contrário, a linguagem militante, revolucionária ou religiosa (do tempo em que a religião militava) é uma linguagem triunfante: cada ato do discurso é um triunfo à antiga: desfilam os vencedores e os inimigos derrotados. Poder-se-ia medir o modo de segurança dos regimes políticos e precisar sua evolução conforme eles estejam (ainda) no Triunfo, ou (já) no Reino. Seria preciso estudar, por exemplo, como, em que ritmo, segundo quais figuras, o triunfalismo revolucionário de 1793, pouco a pouco acomodou-se, difundiu-se, como é que ele "pegou" e passou ao estado de Reino (da fala burguesa).

Abolição do reino dos valores

Contradição: todo um longo texto sobre o valor, sobre um afeto contínuo de avaliação — o que acarreta uma atividade ao mesmo tempo ética e semântica —, e ao mesmo tempo, e *precisamente por causa disso*, uma igual energia em sonhar uma "abolição sem resto dos reinos dos valores" (que era, segundo se diz, o desígnio do Zen).

O que limita a representação?

Brecht mandava pôr roupa molhada no cesto da atriz, para que suas ancas tivessem o movimento certo, o da lavadeira alienada. Está muito bem; mas é também estúpido, não? Pois o que pesa no cesto não é a roupa, mas o tempo, a história, e como *representar* esse peso? É impossível representar o político: ele

EPREUVES ECRITES

COMPOSITION FRANÇAISE *

Durée : 6 heures

« Le style est presque au-delà [de la Littérature] : des images, un débit, un lexique naissent du corps et du passé de l'écrivain et deviennent peu à peu les automatismes mêmes de son art. Ainsi sous le nom de style, se forme un langage autarcique qui ne plonge que dans la mythologie personnelle et secrète de l'auteur... où se forme le premier couple des mots et des choses, où s'installent une fois pour toutes les grands thèmes verbaux de son existence. Quel que soit son raffinement, le style a toujours quelque chose de brut : il est une forme sans destination, il est le produit d'une poussée, non d'une intention, il est comme une dimension verticale et solitaire de la pensée. [...] Le style est proprement un phénomène d'ordre germinatif, il est la transmutation d'une humeur. [...] Le miracle de cette transmutation fait du style une sorte d'opération supralittéraire, qui emporte l'homme au seuil de la puissance et de la magie. Par son origine biologique, le style se situe hors de l'art, c'est-à-dire hors du pacte qui lie l'écrivain à la société. On peut donc imaginer des auteurs qui préfèrent la sécurité de l'art à la solitude du style. »

R. BARTHES, *Le degré zéro de l'écriture*, chap. I.

Par une analyse de ce texte, vous dégagerez la conception du style que propose R. Barthes et vous l'apprécierez en vous référant à des exemples littéraires.

* Rapport de Mme Châtelet

Les candidates ont été placées cette année devant un texte long de Roland BARTHES. On leur demandait : - d'abord de l'analyser pour en dégager les idées de Roland Barthes sur le style.
- puis d'apprécier librement cette conception.

Un grand nombre d'entre elles ayant paru déroutées par l'analyse, nous insisterons sur cet exercice. Nous indiquerons ensuite les principales directions dans lesquelles pouvait s'engager la discussion.

I - L'ANALYSE

L'analyse suppose d'abord une lecture attentive du passage proposé. Or beaucoup de copies révèlent des faiblesses sur ce point. Rappelons donc quelques règles essentielles sur la manière de lire un texte.

Puisqu'il ne peut s'agir ici d'une lecture expressive à voix haute, on conseillerait volontiers une lecture annotée, qui n'hésite pas à souligner les mots importants, les liaisons indispensables, qui mette en évidence les parallélismes ou les reprises d'expression, bref qui dégage par des moyens matériels la structure du texte. Cette première lecture n'a pour objet que de préparer l'analyse qui doit être elle-même élaborée à partir des éléments retenus.

• Recuperação.

resiste a toda cópia, mesmo se nos esgotarmos a torná-la cada vez mais verossímil. Contrariamente à crença inveterada de todas as artes socialistas, onde começa o político cessa a limitação.

A repercussão
Qualquer palavra que lhe concirna repercute nele ao extremo, e é essa repercussão que ele teme, a ponto de fugir amedrontado de qualquer discurso a seu respeito. A fala dos outros, elogiosa ou não, está marcada, na fonte, pela repercussão que pode ter. Somente ele, porque conhece o ponto de partida, pode medir o esforço que lhe é necessário para ler um texto, se este fala dele. A ligação com o mundo é assim sempre conquistada a partir de um medo.

Bem-sucedido/malogrado
Relendo-se, ele acredita situar na própria textura de cada escrito uma singular distinção: a do *bem-sucedido/malogrado*: por lufadas, alguns acertos de expressão, certas praias felizes, depois certos pântanos, certas escórias, que ele próprio começou a inventariar. Como? Nenhum livro continuamente bem-sucedido? — Sem dúvida, o livro sobre o Japão. À sexualidade feliz, correspondeu naturalmente a felicidade contínua, efusiva, jubilosa, da escritura: *no que escreve, cada um defende sua sexualidade.*

Uma terceira categoria é possível: nem bem-sucedido, nem malogrado: envergonhado: marcado, flordelisado pelo imaginário.

Da escolha de uma roupa
Um filme de TV sobre Rosa Luxemburgo me diz a beleza de seu rosto. De seus olhos, induzo o desejo de ler seus livros. E daí, imagino uma ficção: a de um sujeito intelectual que decidisse tornar-se marxista, e que tivesse de escolher seu marxismo: qual deles? de que dominância, de que marca? Lênin, Trotski, Luxemburgo,

Bakúnin, Mao, Bordiga, etc.? Esse sujeito vai a uma biblioteca, lê tudo, como se apalpam roupas, e escolhe o marxismo que mais lhe convém, preparando-se, desde então, a desenvolver o discurso da verdade a partir de uma economia que é a de seu corpo. (Isso poderia ser uma cena inédita de *Bouvard et Pécuchet* — se, precisamente, Bouvard e Pécuchet não mudassem de corpo a cada biblioteca que exploram.)

O ritmo

Ele sempre acreditou naquele ritmo grego, a sucessão da Ascese e da Festa, o desenlace de uma por outra (e, de modo algum, no ritmo chato da modernidade: *trabalho/lazer*). Era o próprio ritmo de Michelet, passando, em sua vida e em seu texto, por um ciclo de mortes e ressurreições, de enxaquecas e animações, de narrativas (ele "remava" em Luís XI) e quadros (nestes, sua escritura desabrochava). Era o ritmo que ele conhecera, por algum tempo, na Romênia, onde, segundo um uso eslavo ou balcânico, as pessoas *se fechavam* periodicamente, durante três dias, na Festa (jogos, comida, vigília e o resto: era o *kef*). Assim, em sua própria vida, esse ritmo é constantemente procurado; não somente é preciso que, durante o dia de trabalho, ele tenha em vista o prazer da noite (o que é corriqueiro), mas também, complementarmente, da noitada feliz surge, em seu fim, o desejo de chegar logo ao dia seguinte, para recomeçar o trabalho (de escritura).

(Note-se que o ritmo não é forçosamente regular: Casals dizia muito bem que o ritmo é o *atraso*.)

Que isso se saiba

Todo enunciado de escritor (mesmo os dos mais ariscos) comporta um operador secreto, uma palavra inexpressa, algo como o morfema silencioso de uma categoria tão primitiva quanto a negação ou a interrogação, cujo sentido seria: *"e que isso se saiba!*" Essa mensagem cunha as frases de qualquer um que escreva; há em cada uma delas um ar, um ruído, uma tensão muscular, laringal, que faz pensar nas três pancadas do teatro ou no gongo da Rank. Mesmo Artaud, o deus heterológico, diz daquilo que escreve: *que isso se saiba!*

Entre Salamanca e Valladolid
Num dia de verão (1970), rodando e sonhando entre Salamanca e Valladolid, para se desentediar, ele imaginava por jogo uma nova filosofia, imediatamente batizada de "preferencialismo", e ele se preocupava pouco, então, em seu automóvel, que ela fosse leviana ou culpada: sobre um fundo (um rochedo?) materialista onde o mundo é visto apenas como um tecido, um texto desenrolando a revolução das linguagens, a guerra dos sistemas, e onde o sujeito, disperso, inconstituído, só pode captar-se às custas de um imaginário, a escolha (política, ética) desse simulacro de sujeito não tem nenhum valor fundamentador: *essa escolha não é importante*; qualquer que seja o modo, pomposo ou violento, como ela se declara, ela não é nada mais do que uma *inclinação*: diante dos *pedaços* do mundo, só tenho direito à *preferência*.

Exercício escolar
1. Por que o autor menciona a data desse episódio?
2. Em que lugar justifica o "sonho" e o "tédio"?
3. Em que a filosofia evocada pelo autor poderia ser "culpada"?
4. Explique a metáfora "um tecido".
5. Cite algumas filosofias às quais pode opor-se o "preferencialismo".
6. Sentido das palavras "revolução", "sistema", "imaginário", "inclinação".
7. Por que o autor sublinha certas palavras ou certas expressões?
8. Caracterize o estilo do autor.

O saber e a escritura

Trabalhando em algum texto que está indo bem, ele gosta de procurar complementos, precisões, em livros de saber; se ele pudesse, teria uma biblioteca exemplar de *obras de referência* (dicionários, enciclopédias, manuais, etc.): que o saber esteja em círculo a meu redor, à minha disposição; que eu só tenha de *consultá-lo* — e não de o ingerir; que o saber seja mantido em seu lugar, como um *complemento de escritura.*

O valor e o saber

(A propósito de Bataille:) "Em suma, o saber é retido como poder, mas combatido como tédio; o valor não é o que despreza, relativiza ou rejeita o saber, mas aquilo que o desentedia, que descansa dele; ele não se opõe ao saber segundo uma perspectiva polêmica, mas segundo um sentido estrutural; há uma alternância de saber e valor, repouso de um no outro, segundo uma espécie de *ritmo amoroso.* Eis, em suma, o que é a escritura do ensaio (falamos de Bataille): o ritmo amoroso da ciência e do valor: heterologia, gozo." (*ST,* 54.)

A cena

Existe sempre na "cena" (doméstica) uma experiência pura da violência, a tal ponto que, onde quer que ele a presencie, ela sempre lhe dá *medo,* como a um garoto aterrorizado pelas brigas de seus pais (ele sempre foge dela, sem vergonha). Se a cena tem uma repercussão tão grave, é porque ela mostra, a nu, o câncer da linguagem. A linguagem é impotente para fechar a linguagem, é o que diz a cena: as réplicas se engendram, sem conclusão possível, a não ser a do assassinato; e é porque a cena está inteiramente voltada para essa última violência, que ela nunca assume, entretanto (pelo menos entre pessoas "civilizadas"), que ela é uma violência essencial, uma violência que saboreia seu entretenimento: terrível e ridícula, como um homeostato de ciência-ficção.

(Passando para o teatro, a cena se domestica: o teatro a *doma*, impondo-lhe um fim: uma parada de linguagem é a maior violência que se possa fazer contra a violência da linguagem.)

Ele tolerava mal a violência. Essa disposição, embora verificada a todo instante, continuava sendo, para ele, bastante enigmática; mas ele sentia que a razão dessa intolerância devia ser procurada deste lado: a violência se organizava sempre como *cena*: a mais transitiva das condutas (eliminar, matar, ferir, domar, etc.) era também a mais teatral, e era, em suma, essa espécie de escândalo semântico que o fazia resistir (o sentido não se opõe, por natureza, ao ato?); em toda violência, ele não podia se impedir de perceber, estranhamente, um núcleo literário: quantas cenas conjugais não se acomodam ao modelo de um grande quadro pictórico: *A mulher expulsa*, ou então *O repúdio*? Toda violência é, em suma, a ilustração de um estereótipo patético, e, singularmente, era a maneira completamente irrealística com que se enfeita e se sobrecarrega o ato violento — maneira grotesca e expeditiva, ativa e imóvel, ao mesmo tempo — que fazia com que ele experimentasse, para com a violência, um sentimento desconhecido em qualquer outra ocasião: uma espécie de severidade (pura reação de clérigo, sem dúvida).

A ciência dramatizada

Ele suspeitava da ciência e a censurava por sua *adiaforia* (termo nietzschiano), sua in-diferença, aquela indiferença que os sábios transformavam em Lei, da qual eles se constituíam procuradores. A condenação caía por terra, entretanto, cada vez que era possível dramatizar a Ciência (devolver-lhe um poder de diferença, um efeito textual); ele gostava dos sábios nos quais podia descobrir uma perturbação, um sobressalto, uma mania, um delírio, uma inflexão; ele tinha aproveitado muita coisa do *Curso* de Saussure, mas Saussure tornou-se infinitamente mais precioso para ele, desde que soube da escuta louca dos Anagramas; em

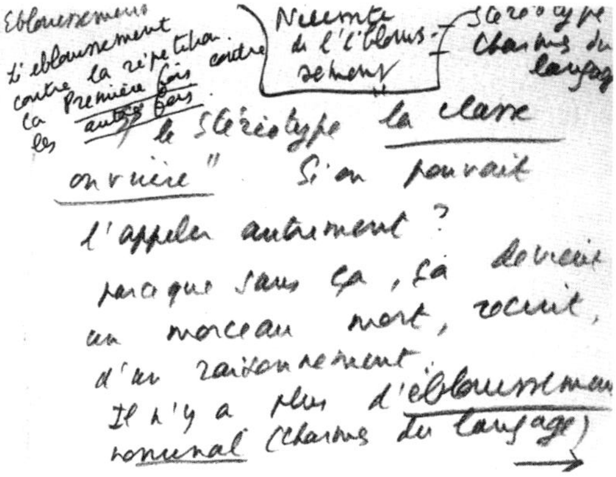

[handwritten note in French]

- A ideia aventurosa.
Ainda quentinha, nada pode ser definido quanto a sua qualidade: tola? perigosa? Insignificante? para ser mantida? para ser rejeitada? para ser desingenuizada? para ser protegida?

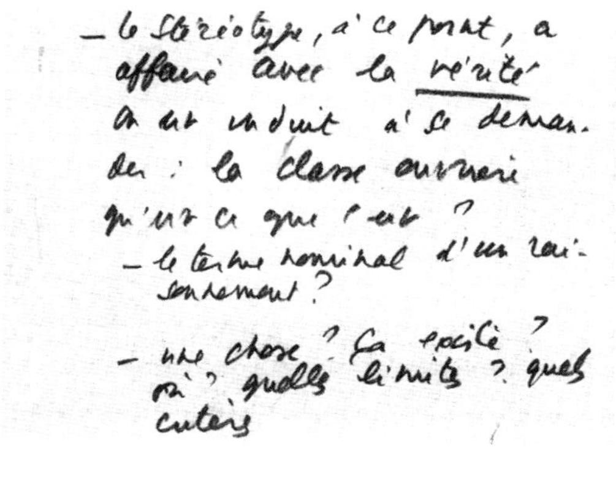

[handwritten note in French]

muitos sábios, ele pressentia assim alguma falha feliz, mas, no mais das vezes, eles não ousavam chegar a fazer dela uma obra: sua enunciação ficava bloqueada, pomposa, indiferente.

Assim, pensava ele, foi por não ter sabido *exaltar-se* que a ciência semiológica não evoluiu muito bem: muitas vezes ela não era mais do que um murmúrio de trabalhos indiferentes, que indiferenciavam o objeto, o texto, o corpo. Como esquecer, entretanto, que a semiologia tem alguma relação com a paixão do sentido: seu apocalipse e/ou sua utopia?

O *corpus*: que bela ideia! Sob condição que se leia no *corpus* o *corpo*: quer se procure, no conjunto dos textos retidos para o estudo (e que forma o *corpus*), não mais somente a estrutura, mas as figuras da enunciação; quer se tenha com esse conjunto alguma relação amorosa (na falta do que o *corpus* não é mais do que um *imaginário* científico).

Sempre pensar em Nietzsche: somos científicos por falta de sutileza. — Imagino pelo contrário, utopicamente, uma ciência dramática e sutil, voltada para a reviravolta carnavalesca da proposta aristotélica, e que ousasse pensar, pelo menos num relâmpago: *só há ciência na diferença*.

Vejo a linguagem

Tenho uma doença: eu *vejo* a linguagem. Aquilo que eu deveria somente escutar, por uma estranha pulsão, perversa porquanto o desejo aí se engana de objeto, me é revelado como uma "visão", análoga (guardadas as proporções!) àquela que Cipião teve, em sonho, das esferas musicais do mundo. À cena primitiva, onde escuto sem ver, sucede uma cena perversa, onde imagino ver o que escuto. A escuta deriva em *scopia*: da linguagem, sinto-me visionário e *voyeur*.

Segundo uma primeira visão, o imaginário é simples: é o discurso do outro *como eu o vejo* (cerco-o de aspas). Depois, volto para mim a *scopia*: vejo minha linguagem *sendo vista*: vejo-a *nua* (sem aspas): é o tempo vergonhoso, doloroso, do imaginário. Uma terceira visão se perfila nesse ponto: a das linguagens infinitamente escalonadas, parênteses nunca fechados: visão utópica por supor um leitor móvel, plural, que coloca e retira as aspas de modo rápido: que se põe a escrever comigo.

Sed contra

Muitas vezes, ele parte do estereótipo, da opinião banal *que existe nele*. E é porque ele não o quer (por reflexo estético ou individualista) que procura outra coisa; habitualmente, logo cansado, ele se detém na simples opinião contrária, no paradoxo, naquilo que nega mecanicamente o preconceito (por exemplo: "Só há ciência do particular"). Ele mantém, em suma, com o estereótipo, relações de contradição, relações familiais.

É uma espécie de "deporte" (de "esporte") intelectual: ele se transporta sistematicamente para o lugar onde ocorre uma solidificação da linguagem, consistência, estereotipia. Como uma cozinheira vigilante, ele se atarefa, vigia para que a linguagem não engrosse, não *pegue*. Esse movimento, que é de pura forma, revela os progressos e os regressos da obra: é uma pura tática de linguagem, que se abre *no ar*, fora de qualquer horizonte estratégico. O risco está em que, como o estereótipo se desloca, histórica e politicamente, é preciso segui-lo, onde quer que ele vá: que fazer, se o estereótipo *passasse para a esquerda*?

A siba e sua tinta

Escrevo isto dia após dia; e vai pegando, vai pegando: a siba produz sua tinta: amarro meu imaginário (para me defender e me oferecer, ao mesmo tempo).

Como saberei que o livro está acabado? Em suma, como sempre, trata-se de elaborar uma língua. Ora, em toda língua os signos voltam, e, à força de voltar, acabam por saturar o léxico — a obra. Tendo debitado a matéria desses fragmentos durante meses, o que me acontece, desde então, vem encaixar-se espontaneamente (sem forçar) sob as enunciações que já foram feitas: a estrutura se tece pouco a pouco, e, ao fazê-lo, ela galvaniza cada vez mais: contrói-se assim, sem nenhum plano de minha parte, um repertório fino e perpétuo, como o da língua. Em dado momento, nenhuma transformação é possível, a não ser a que aconteceu ao navio Argo: eu poderia guardar o livro durante muito tempo, mudando pouco a pouco cada fragmento.

Projeto de um livro sobre a sexualidade

Eis um jovem casal que se instala em meu compartimento; a mulher é loura, pintada; usa grandes óculos escuros, lê *Paris--Match*; tem um anel em cada dedo, e cada unha das duas mãos é pintada com uma cor diferente das vizinhas; a do dedo médio, mais curta, de um carmim carregado, designa pesadamente o dedo da masturbação. Daí, do *encantamento* que provoca em mim esse casal, de que não consigo desviar o olhar, me vem a ideia de um livro (ou um filme) onde só haveria esses traços de sexualidade segunda (nada de pornográfico); nele se captaria (se tentaria captar) a "personalidade" sexual de cada corpo, que não é nem sua beleza, nem mesmo seu ar *sexy*, mas o modo como cada sexualidade se oferece imediatamente à leitura; pois a jovem loura das unhas pesadamente coloridas e seu jovem marido (de nádegas moldadas e olhos doces) levavam sua sexualidade de casal na botoeira, como uma legião de honra (*sexualidade* e *respeitabilidade* pertencem ao mesmo quadro), e essa sexualidade legível (tal como, certamente, Michelet a teria lido) enchia o compartimento, por uma irresistível metonímia, muito mais seguramente do que uma série de dengos.

O sexy

Diferente da sexualidade segunda, o *sexy* de um corpo (que não é sua beleza) depende de que se possa marcar (fantasmar) nele a prática amorosa à qual o submetemos em pensamento (é esta aqui, precisamente, que me vem à ideia, e não uma outra). Do mesmo modo, distintas no texto, diríamos que existem frases *sexy*: frases perturbadoras por seu isolamento, como se elas tivessem em seu poder a promessa, que nos é feita, a nós leitores, de uma prática de linguagem, como se fôssemos procurá-las graças a um *gozo que sabe o que quer*.

Final feliz da sexualidade?

Os chineses: toda a gente pergunta (e eu antes de todos): mas onde, afinal, está a sexualidade deles? — Uma vaga ideia disso (antes uma imaginação), mas se ela fosse verdadeira, seria uma revisão de todo um discurso anterior: no filme de Antonioni, veem-se visitantes populares olhando, num museu, uma maquete que representa uma cena bárbara da velha China: um bando de soldados expulsando uma pobre família camponesa; as expressões são brutais ou dolorosas; a maquete é grande, muito iluminada, os corpos estão ao mesmo tempo imóveis (lustrosos como num museu de cera) e revoltos, levados a uma espécie de paroxismo ao mesmo tempo carnal e semântico; pensamos nas esculturas veristas dos Cristos espanhóis, cuja crueza tanto revoltava Renan (é verdade que ele a imputava aos jesuítas). Ora, essa cena me aparece de chofre, exatamente: *supersexualizada* como um quadro de Sade. E imagino então (é apenas uma imaginação) que a sexualidade, *tal como a falamos e na medida em que dela falamos*, é um produto da opressão social, da história errada dos homens: um efeito de civilização, em suma. Daí, então, poderia ser que a sexualidade, *nossa* sexualidade ficasse isenta, caduca, anulada, sem recalque, pela liberação social: desaparecido o Falo! Fomos nós que, à moda dos antigos pagãos, fizemos dele um pequeno deus. O materialismo não passaria por uma certa *distância* sexual, a queda *surda* da sexualidade fora do discurso, fora da ciência?

O *shifter* como utopia

Ele recebe um cartão longínquo de um amigo: "*Segunda-feira. Volto amanhã. Jean-Louis.*" Como Jourdain e sua famosa prosa (cena, aliás, no estilo de Poujade), ele se maravilha por descobrir, num enunciado tão simples, a marca dos operadores duplos, analisados por Jakobson. Pois se Jean-Louis sabe perfeitamente quem ele é, e em que dia está escrevendo, sua mensagem, chegada até mim, é completamente incerta: *que segunda-feira? que Jean-Louis?* Como eu poderia sabê-lo, eu que, *de meu ponto de vista*, devo escolher, instantaneamente, entre vários Jean-Louis e várias segundas-feiras? Embora codificado, para falar apenas do mais conhecido desses operadores, o *shifter* aparece assim como um meio astucioso — fornecido pela própria língua — para romper a comunicação: falo (vejam meu domínio do código) mas envolvo-me na bruma de uma situação enunciadora que é desconhecida para você; arranjo, no meu discurso, *escapes de interlocução* (não seria, finalmente, o que acontece sempre que utilizamos o *shifter* por excelência, o pronome "*eu*"?). Daí, ele imagina os *shifters* (chamemos assim, por extensão, todos os operadores de incerteza formados *na própria língua*: *eu, aqui, agora, amanhã, segunda-feira, Jean-Louis*) como subversões sociais, concedidas pela língua mas combatidas pela sociedade, à qual esses escapes de subjetividade causam medo, e que ela tapa sempre, impondo a redução da duplicidade do operador (*segunda-feira, Jean-Louis*), pelo ponto de apoio "objetivo" de uma data (*segunda-feira 12 de março*) ou de um sobrenome (*Jean-Louis B.*). Já pensaram a liberdade e, por assim dizer, a fluidez amorosa de uma coletividade que só falasse por prenomes e por *shifters*, cada um só dizendo sempre *eu, amanhã, lá*, sem se referir a nada de legal, e onde o *impreciso da diferença* (única maneira de respeitar sua sutileza, sua repercussão infinita) seria o valor mais precioso da língua?

Na significação, três coisas

Na significação, tal como ela é concebida desde os estoicos, há três coisas: o significante, o significado e o referente. Mas agora, se imagino uma linguística do valor (entretanto, como edificá-la, permanecendo nós mesmos fora do valor, como edificá-la "cientificamente", "linguisticamente"?), essas três coisas que existem na significação não são mais as mesmas; uma é conhecida, é o processo de significação, domínio habitual da linguística clássica, que nele se detém, se mantém e proíbe que dele se saia, mas as outras o são menos. São a *notificação* (assento minha mensagem e assento meu ouvinte) e a *assinatura* (exibo-me, não posso evitar de me exibir). Por essa análise, não faríamos mais do que desdobrar a etimologia do verbo "significar": fabricar um signo, fazer sinal (a alguém), reduzir-se imaginariamente a seu próprio signo, sublimar-se nele.

Uma filosofia simplista

Dir-se-ia, muitas vezes, que ele vê a socialidade de um modo simplista: como um imenso e perpétuo roçar de linguagem (discursos, ficções, imaginários, razões, sistemas, ciências) e de desejos (pulsões, feridas, ressentimentos, etc.). Que acontece, pois, com o real, nessa filosofia? Este não é negado (é até mesmo frequentemente invocado, a título progressista), mas remetido, em suma, a uma espécie de "técnica", de racionalidade empírica, objeto de "receitas", de "remédios", de "desenlaces" (*se a gente age assim, produz isso; para evitar isso, façamos sensatamente aquilo; esperemos, deixemos que a coisa se transforme*, etc.). Filosofia de afastamento máximo: delirante quando se trata da linguagem, empírica (e "progressista") quando se trata do "real".
(Sempre essa recusa francesa do hegelianismo.)

Macaco entre os macacos

Acosta, gentil-homem português de origem judia, está exilado em Amsterdã; adere à Sinagoga; depois, ele a critica e é excomungado pelos rabinos; ele deveria então, logicamente, separar-se da comunidade hebraica, mas conclui de modo diferente: "Por que eu me obstinaria a ficar separado dela por toda a vida, com tantos incômodos, eu que estou num país estrangeiro do qual não entendo a língua? *Não é bem melhor eu me fazer macaco entre os macacos?*" (Pierre Bayle, *Dictionnaire historique et critique*.)

Quando nenhuma língua conhecida está à nossa disposição, é preciso que a gente se resolva a *roubar uma linguagem* — como se roubava, outrora, um pão. (Todos aqueles — legião — que estão fora do Poder estão constrangidos ao roubo de linguagem.)

A divisão social

As divisões da relação social existem de fato, elas são reais, ele não o nega e escuta com confiança todos aqueles (muito numerosos) que falam dela; mas a seus olhos, e sem dúvida porque ele fetichiza um pouco a linguagem, essas divisões reais se absorvem em sua forma interlocutiva: é a interlocução que é dividida, alienada: ele vive assim toda a relação social em termos de linguagem.

Quanto a mim, eu

Um estudante americano (ou positivista, ou contestatário: não posso destrinçar) identifica, como se fosse óbvio, *subjetividade* e *narcisismo*; ele acha, sem dúvida, que a subjetividade consiste em falar de si, e a falar bem de si. O que ocorre é que ele é vítima de um velho par, de um velho paradigma: *subjetividade/ objetividade*. Entretanto, hoje, o sujeito se coloca *alhures*, e a "subjetividade" pode voltar num outro trecho da espiral: desconstruída, desunida, deportada, sem ancoragem: por que eu falaria mais de "mim", já que "mim" não é mais "si"?

Pronomes ditos pessoais: tudo se joga aqui, estou fechado para sempre na liça pronominal: o "eu" mobiliza o imaginário, o "você" e o "ele" a paranoia. Mas também, fugitivamente, conforme o leitor, tudo, como os reflexos de um chamalote, pode revirar-se: em "quanto a mim, eu", o "eu" pode não ser o *mim*, que ele quebra de um modo carnavalesco; posso me chamar de "você", como Sade o fazia, para destacar em mim o operário, o fabricante, o produtor de escritura, do sujeito da obra (o Autor); por outro lado, não falar de si pode querer dizer: *eu sou Aquele que não fala dele*, e falar de si dizendo "ele", pode querer dizer: falo de mim *como se estivesse um pouco morto*, preso numa leve bruma de ênfase paranoica, ou ainda: falo de mim como o ator brechtiano que deve distanciar sua personagem: "mostrá-lo", não encarná-lo, dar à sua dicção uma espécie de piparote, cujo efeito é descolar o pronome de seu nome, a imagem de seu suporte, o imaginário de seu espelho (Brecht recomendava ao ator que pensasse todo o seu papel na terceira pessoa).

Afinidade possível da paranoia e do distanciamento, por intermédio da narrativa: o "ele" é épico. Isso quer dizer: "ele" é mau: é a palavra mais maldosa da língua: pronome da não pessoa, ele anula e mortifica seu referente; não se pode aplicá-lo, sem mal-estar, à pessoa que se ama: chamando alguém de "ele", visualizo sempre uma espécie de assassinato pela linguagem, cujo palco inteiro, por vezes suntuoso, cerimonial, é o *mexerico*.

E por vezes, para irrisão de tudo isso, o "ele" cede seu lugar ao "eu", pelo simples efeito de um embaraço sintático: pois numa frase um tanto longa, o "ele" pode remeter, sem prevenir, a muitos outros referentes que não eu.

Eis aqui uma série de orações fora de moda (se elas não fossem contraditórias): *eu não seria nada se não escrevesse. No entanto, estou em outra parte, que não é aquela em que escrevo. Valho mais do que aquilo que escrevo.*

O espaço do seminário falanstérico, isto é, em certo sentido, romanesco. É somente o espaço de circulação dos desejos sutis, dos desejos móveis; é, no artifício de uma socialidade, cuja consistência se extenua miraculosamente, segundo uma expressão de Nietzsche: "o entrincamento das relações amorosas."

Um mau sujeito político

Sendo a estética a arte de ver as formas destacarem-se das causas e dos objetivos, e constituírem um sistema suficiente de valores, o que poderia ser mais contrário do que ela à política? Ora, ele não podia livrar-se do reflexo estético, ele não podia impedir-se de *ver*, numa conduta política que ele aprovava, a forma (a consistência formal) que ela tomava e que ele achava, conforme o caso, hedionda ou ridícula. Assim, particularmente intolerante para com a chantagem (por que razão profunda?), era sobretudo a chantagem que ele via na política dos Estados. Por um sentimento estético ainda mais descabido, à medida que os sequestros se multiplicavam, sempre da mesma forma, ele acabava por aborrecer-se com o caráter mecânico dessas operações: elas incorriam no descrédito de toda repetição: *mais um! que chato!* Era como o refrão de uma boa canção, como o tique facial de uma bela pessoa. Assim, por causa de uma disposição perversa a *ver* as formas, as linguagens e as repetições, ele se tornava insensivelmente *um mau sujeito político*.

A sobredeterminação

Ahmad Al Tîfâchî (1184-1253), autor das *Delícias dos corações*, assim descreve o beijo de um prostituto: ele enfia e gira sua língua em vossa boca, com obstinação. Tomar-se-á isso pela demonstração de uma conduta sobredeterminada; pois dessa prática erótica, aparentemente pouco conforme a seu estatuto profissional, o prostituto de Al Tîfâchî tira um triplo proveito: ele mostra sua ciência do amor, salvaguarda a imagem de sua virilidade e, no entanto, compromete pouco seu corpo, cujo interior, por esse assalto, ele recusa. Onde está o tema principal? É um assunto, não complicado (como diz com irritação a opinião corrente), mas *composto* (como teria dito Fourier).

A surdez à sua própria linguagem

O que ele escutava, o que ele não podia deixar de escutar, onde quer que estivesse, era a surdez dos outros à sua própria linguagem: ele os ouvia não se ouvirem. Mas, e ele mesmo? Não ouvia ele jamais sua própria surdez? Ele lutava para se ouvir, mas produzia apenas, nesse esforço, um outro palco sonoro, uma outra ficção. Daí ele confiar-se à escritura: não é ela aquela linguagem que renunciou a produzir *a última réplica*, que vive e respira de entregar-se a outro para que ele nos ouça?

A simbólica de Estado

Escrevo isto no sábado 6 de abril de 1974, dia de luto nacional em memória de Pompidou. Todo o dia, no rádio, "boa música" (para meus ouvidos): Bach, Mozart, Brahms, Schubert. A "boa música" é pois uma música fúnebre: uma metonímia oficial une a morte, a espiritualidade, e a música de classe (nos dias de greve, só se toca "música ruim"). Minha vizinha, que geralmente escuta música pop, hoje desligou seu rádio. Estamos assim ambos excluídos da simbólica do Estado: ela, porque não suporta seu significante (a "boa música"), eu, porque não suporto seu significado (a morte de Pompidou). Essa dupla amputação não fará da música, assim manipulada, um discurso opressivo?

O texto sintomático

Como devo fazer para que cada um desses fragmentos nunca seja mais do que um *sintoma*? — É fácil: deixe-se ir, *regrida*.

Sistema/sistemática

O próprio do real não seria o fato de ser *indomável*? O próprio do sistema não seria o fato de o *domar*? Que pode então fazer, diante do real, aquele que recusa o domínio? Expulsar o sistema como aparelho, aceitar a sistemática como escritura (Fourier o fez, *SFL*, 114).

Tática/estratégia

O movimento de sua obra é tático: trata-se de deslocar, de cortar, como num jogo, mas não de conquistar. Exemplos: a noção de intertexto? Ela não tem, no fundo, nenhuma positividade; ela serve para combater a lei do contexto (*1971*, II); a *constatação* é apresentada em dado momento como um valor, mas não é de modo algum pela exaltação da objetividade, é para barrar a expressividade da arte burguesa; a ambiguidade da obra (*CV*, 55) não vem, de modo algum, do *New Criticism*, e não lhe interessa em si; é apenas uma pequena máquina de guerra contra a lei filológica, a tirania universitária do sentido reto. Essa obra se definiria pois como: *uma tática sem estratégia*.

Mais tarde

Ele tem essa mania de dar "introduções", "esboços", "elementos", remetendo para mais tarde o "verdadeiro" livro. Essa mania tem um nome retórico: é a *prolepse* (bem estudada por Genette).

Eis aqui alguns desses livros anunciados: uma História da Escritura (*DZ*, 22), uma História da Retórica (*1970*, II), uma História da Etimologia (*1973*), uma nova Estilística (*S/Z*, 107), uma Estética do Prazer textual (*PlT*, 104), uma nova ciência linguística (*PlT*, 104), uma Linguística do Valor (*ST*, 61), um inventário dos discursos de amor (*S/Z*, 182), uma ficção fundada sobre a ideia de um Robinson urbano (*1971*, I), uma suma sobre a pequena burguesia (*1971*, II), um livro sobre a França, intitulado — à maneira de Michelet — *Nossa França* (*1971*, II), etc.

Esses anúncios, que visam, no mais das vezes, um livro-suma, desmesurado, paródico do grande monumento de saber, só podem ser simples atos de discurso (são exatamente prolepses); eles pertencem à categoria do dilatório. Mas o dilatório, de negação do real (do realizável), não é entretanto menos vivo: esses projetos vivem, nunca são abandonados; suspensos, eles podem retomar vida a qualquer instante; ou pelo menos, como o rastro persistente de uma obsessão, eles se realizam, parcialmente, indiretamente, *como gestos*, por meio dos temas, dos fragmentos, dos artigos: a História da Escritura (postulada em 1953) engendra, vinte anos mais tarde, a ideia de um seminário sobre uma história do discurso francês; a Linguística do Valor orienta, de longe, este livro aqui. *A montanha dá à luz um ratinho?* É preciso revirar positivamente esse provérbio desdenhoso: a montanha não é demais para fazer um ratinho.

Fourier nunca apresenta seus livros como mais do que anúncios do Livro perfeito, que ele vai publicar mais tarde (perfeitamente claro, perfeitamente persuasivo, perfeitamente complexo). A Anunciação do Livro (o *Prospectus*) é uma dessas manobras dilatórias que regem nossa utopia interna. Imagino, fantasmo, pinto e lustro o grande livro de que sou incapaz: é um livro de saber e de escritura, ao mesmo tempo um sistema perfeito e a irrisão de todo sistema, uma suma de inteligência e de prazer, um livro vingador e terno, corrosivo e tranquilo, etc. (aqui, enxurrada de adjetivos, lufada de imaginário); em síntese, ele tem todas as qualidades de um herói de romance: ele é aquele que vem (a aventura), e esse livro, fazendo de mim meu próprio João Batista, eu o anuncio.

Se, frequentemente, ele prevê livros por fazer (que ele não faz), é porque deixa para mais tarde aquilo que o aborrece. Ou melhor, ele quer escrever *imediatamente* o que lhe agrada escrever, e não outra coisa. Em Michelet, o que lhe dá vontade de reescrever são os temas carnais, o café, o sangue, a agave, o trigo, etc.; construir-se-á pois uma crítica temática, mas para não a arriscar teoricamente contra uma outra escola — histórica, biográfica, etc. —, pois o fantasma é egoísta demais para ser polêmico, declara-se que se trata apenas de uma *pré-crítica*, e que a "verdadeira" crítica (que é a dos outros) virá mais tarde.

Estando sempre com pouco tempo (ou imaginando estar), apanhado pelos vencimentos, pelos atrasos, você teima em acreditar que vai sair desta, pondo ordem em tudo o que você tem de fazer. Você faz programas, planos, calendários, previsões de vencimentos. Sobre sua mesa e em seus fichários, quantas listas de artigos, de livros, de seminários, de compras por fazer, de telefonemas por dar. Essas papeletas, na verdade, você não as consulta nunca, posto que uma consciência angustiada proveu-o de uma excelente memória de suas obrigações. Mas é incontrolável: você agrava o tempo que lhe falta com a própria inscrição dessa falta. Chamemos isso de *compulsão de programa* (adivinha-se seu caráter hipomaníaco); os Estados, as coletividades, aparentemente, não estão isentos disso: quanto tempo perdido *fazendo programas?* E como pretendo fazer um artigo a esse respeito, a ideia de programa se torna ela própria uma compulsão de programa.

Reviremos agora tudo isso: essas manobras dilatórias, esses redentes do projeto, talvez sejam a própria escritura. Primeiramente, a obra nunca é mais do que o meta-livro (o comentário previsional) de uma obra por vir, a qual, *não se fazendo*, se torna esta obra aqui: Proust, Fourier não escreveram mais do que *Prospectus*. Além disso, a obra nunca é monumental: é uma *proposta* que cada um virá preencher como quiser, como puder: eu lhes passo uma matéria semântica para fazer circular, como um anel. Finalmente, a obra é um *ensaio* (de teatro), e esse ensaio, como num filme de Rivette, é verboso, infinito, entrecortado de comentários, de *excursus*, trançado com outra coisa. Por uma só palavra, a obra é um escalonamento; seu ser é o *degrau*: uma escada que não acaba.

Tel Quel

Seus amigos de *Tel Quel*: sua originalidade, sua *verdade* (além da energia intelectual, do gênio de escritura) vêm do fato de eles aceitarem falar uma linguagem comum, geral, incorpórea, isto é, a linguagem política, *ao mesmo tempo que cada um deles a fala com seu próprio corpo*. — Pois bem, por que você não faz o mesmo? — É precisamente, sem dúvida, porque eu não tenho o mesmo corpo que eles; meu corpo não se adapta à generalidade que existe na linguagem. — Não será esta uma visão individualista? Não se encontra ela num cristão — anti-hegeliano notório — como Kierkegaard?

O corpo é uma diferença irredutível, e é, ao mesmo tempo, o princípio de qualquer estruturação (já que a estruturação é o Único da estrutura, *1968*, II). Se eu chegasse a falar de política *com meu próprio corpo*, eu faria, da mais chata das estruturas (discursivas), uma estruturação; com a repetição, eu produziria Texto. O problema é saber se o aparelho político reconheceria por muito tempo esse modo de escapar à banalidade militante, nela enfiando, vivo, pulsional, fruitivo, meu próprio corpo único.

O tempo que faz

Esta manhã a padeira me diz: *ainda faz bom tempo! mas o calor está durando demais!* (as pessoas daqui acham sempre que o tempo está bonito demais, quente demais). Acrescento: *e a luz está tão bonita!* Mas a padeira não responde, e, uma vez mais, observo esse curto-circuito de linguagem, cuja ocasião mais certa são as conversas mais fúteis; compreendo que *ver a luz* decorre de uma sensibilidade de classe; ou antes, já que há certas luzes "pitorescas" que são certamente apreciadas pela padeira, o que é socialmente marcado é a visão "vaga", a visão sem contornos, sem objeto, *sem figuração*, a visão de uma transparência, a visão de uma não visão (aquele valor infigurativo que existe na boa pintura e não na má). Em suma, nada mais cultural do que a atmosfera, nada mais ideológico do que o tempo que faz.

Terra prometida

Ele tinha o pesar de não poder abraçar ao mesmo tempo todas as vanguardas, atingir todas as margens, de ser limitado, retraído, comportado demais, etc.; e seu pesar não podia esclarecer-se por nenhuma análise segura: a que, precisamente, ele resistia? Que é que ele recusava (ou mais superficialmente ainda: contra que ele *emburrava*) aqui ou ali? Um estilo? Uma arrogância? Uma violência? Uma imbecilidade?

Minha cabeça se embaralha
Sobre determinado trabalho, sobre determinado assunto (geralmente aqueles com que se fazem dissertações), sobre determinado dia da vida, ele gostaria de poder pôr, como divisa, esta expressão de comadre: *minha cabeça se embaralha* (imaginemos uma língua em que o jogo das categorias gramaticais obrigasse, por vezes, o sujeito a enunciar-se sob a espécie de uma velha).

E, no entanto: *em nível de seu corpo*, sua cabeça não se embaralha nunca. É uma maldição: nenhum estado baço, perdido, segundo: sempre a consciência: excluído da droga e, entretanto, sonhando com ela: sonhando com poder embebedar-se (em vez de ficar imediatamente enjoado); contando outrora com uma operação cirúrgica que, ao menos uma vez na vida, lhe facultaria uma *ausência*, esta lhe foi recusada, por falta de uma anestesia geral; reencontrando a cada manhã, ao despertar, uma cabeça que gira um pouco, mas cujo interior permanece fixo (por vezes, adormecendo com uma preocupação, no primórdio do despertar ela desapareceu: minuto branco, miraculosamente privado de sentido; mas a preocupação cai sobre mim como uma ave de rapina, e me reencontro inteiro, *como eu estava ontem*).

Por vezes, ele tem vontade de deixar descansar toda aquela linguagem que está em sua cabeça, em seu trabalho, nos outros, como se a linguagem fosse ela própria um membro fatigado do corpo humano; parece-lhe que, se ele descansasse da linguagem, ela descansaria inteiramente, despedindo as crises, as repercussões, as exaltações, as feridas, as razões, etc. Ele vê a linguagem sob a figura de uma velha cansada (algo como uma antiga faxineira de mãos gastas), que suspira por uma certa *aposentadoria*...

O teatro

Na encruzilhada de todos os seus livros, talvez o Teatro: não há nenhum de seus textos, de fato, que não trate de um certo teatro, e o espetáculo é a categoria universal sob as espécies da qual o mundo é visto. O teatro se liga a todos os temas aparentemente especiais, que passam e voltam naquilo que ele escreve: a conotação, a histeria, a ficção, o imaginário, a cena, a estatuária, o quadro, o Oriente, a violência, a ideologia (que Bacon chamava de "fantasma de teatro"). O que o atraiu é menos o signo do que o sinal, a exibição: a ciência que ele desejava não era uma semiologia, era uma *sinalética*.

Não acreditando na separação do afeto e do signo, da emoção e de seu teatro, ele não podia *exprimir* uma admiração, uma indignação, um amor, por medo de significar mal. Assim, quanto mais ele estava emocionado, menos brilhante era. Sua "serenidade" era apenas o constrangimento de um ator que não ousa entrar no palco por medo de representar mal.

Incapaz de tornar-se ele próprio convincente, é no entanto a própria convicção do outro que faz dele, a seus olhos, um ser de teatro, e que o fascina. Ele pede ao ator que lhe mostre um corpo convicto, mais do que uma verdadeira paixão. Eis talvez a melhor cena de teatro que ele já viu: num vagão-restaurante belga, empregados (alfândega, polícia) puseram-se à mesa num canto; comeram com tanto apetite, conforto e cuidado (escolhendo os temperos, os pedaços, os talheres apropriados, preferindo, com olhar certeiro, o filé ao velho frango insosso), com maneiras tão bem aplicadas à comida (limpando cuidadosamente seu peixe do molho duvidoso, dando tapinhas no iogurte para levantar sua tampa, raspando o queijo em vez de o descascar, usando a faca como um escalpo) que todo o serviço Cook ficou subvertido: eles comeram o mesmo que nós, mas não era o mesmo menu. Tudo tinha mudado, portanto, de uma ponta a outra do vagão, pelo simples efeito de uma *convicção* (relação do corpo, não com uma paixão ou com a alma, mas com o gozo).

O tema

A crítica temática sofreu, nesses últimos anos, um golpe de descrédito. No entanto, não se deve abandonar essa ideia crítica tão cedo. O tema é uma noção útil para designar aquele lugar do discurso onde o corpo avança *sob sua própria responsabilidade*, e, por isso mesmo, desmonta o signo: o "rugoso", por exemplo, não é nem significante nem significado, ou ambos ao mesmo tempo: ele fixa aqui e, entrementes, remete a mais adiante. Para fazer do tema um conceito estrutural, bastaria um leve delírio etimológico: como as unidades estruturais são, aqui e ali, "morfemas", "fonemas", "monemas", "gostemas", "vestemas", "erotemas", "biografemas", etc., imaginemos, segundo a mesma consonância, que o "tema" é a unidade estrutural da tese (o discurso de ideias): o que é colocado, recortado, avançado pela enunciação e permanece como *a disponibilidade do sentido* (antes de ser, por vezes, seu fóssil).

Conversão do valor em teoria

Conversão do Valor em Teoria (distraído, leio em minha ficha: "convulsão", mas está bem): diremos, parodiando Chomsky, que todo Valor é *reescrito* (...) em Teoria. Essa conversão — essa convulsão — é uma energia (um *energon*): o discurso se produz por essa tradução, esse deslocamento imaginário, essa criação de álibi. Originada no valor (o que não quer dizer que ela seja menos fundamentada do que ele), a teoria se torna um objeto intelectual, e esse objeto é tomado numa circulação maior (ele encontra um outro *imaginário* do leitor).

A máxima

Um tom de aforismo ronda este livro (*nós, a gente, sempre*). Ora, a máxima está comprometida com uma ideia essencialista da natureza humana, está ligada à ideologia clássica: é a mais arrogante (frequentemente a mais tola) das formas de linguagem. Por que então não a rejeitar? A razão disso é, como sempre, emotiva: escrevo máximas (ou esboço seu movimento) *para me tranquilizar*: quando uma perturbação sobrevém, eu a atenuo remetendo-me a uma fixidez que me ultrapassa: "*no fundo, é sempre assim*": e a máxima nasceu. A máxima é uma espécie de *frase-nome*, e nomear é acalmar. Isso, aliás, é mais uma máxima: ela atenua meu receio de parecer descabido ao escrever máximas.

(Telefonema de X.: conta-me suas férias mas não me pergunta nada sobre as minhas, como se eu não tivesse saído daqui nos últimos dois meses. Não vejo nisso nenhuma indiferença; é mais a demonstração de uma defesa: *ali, onde eu não estava, o mundo permaneceu imóvel*: grande segurança. É desse modo que a imobilidade da máxima tranquiliza as organizações assustadas.)

O monstro da totalidade

"Que se imagine (se possível for) uma mulher coberta por uma vestimenta sem fim, ela própria tecida com tudo o que diz a revista de Moda..." (*SM*, 53). Essa imaginação, aparentemente metódica, já que ela apenas põe em ação uma noção operatória da análise semântica ("o texto sem fim"), visa, de mansinho, a denunciar o monstro da Totalidade (a Totalidade como monstro). A Totalidade ao mesmo tempo faz rir e causa medo: como a violência, não seria ela sempre *grotesca* (e recuperável, então, somente numa estética do Carnaval)?

Outro discurso: este 6 de agosto, no campo, é a manhã de um dia esplêndido: sol, calor, flores, silêncio, calma, fulgência. Nada ronda, nem o desejo, nem a agressão; somente o trabalho está aqui, diante de mim, como uma espécie de universal: tudo é pleno. Seria isso, então, a Natureza? Uma ausência... do resto? A Totalidade?

6 de agosto de 1973 — 3 de setembro de 1974

Pl. IX

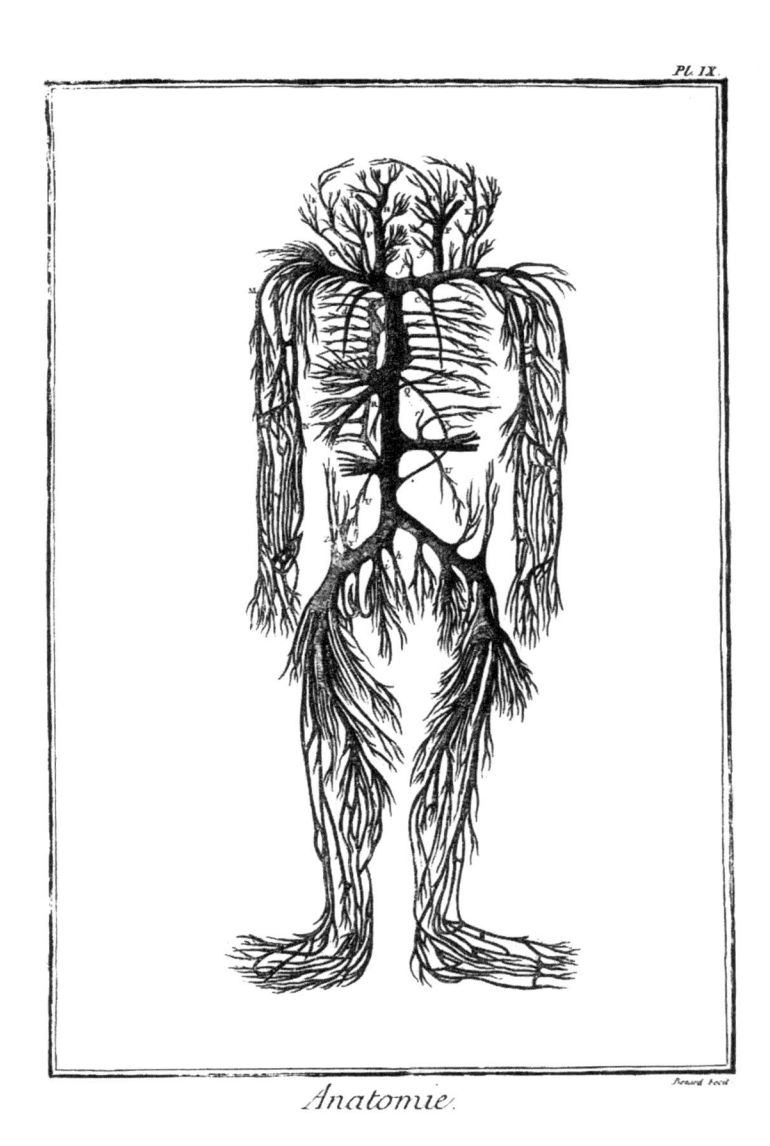

Anatomie

• Escrever o corpo. Nem a pele, nem os músculos, nem os ossos, nem os nervos, mas o resto: um isto balofo, fibroso, pelucioso, esfiapado, o casacão de um palhaço.

Biografia*

12 nov. 1915	Nascido em Cherbourg, filho de Louis Barthes, oficial da marinha de guerra, e de Henriette Binger.
26 out. 1916	Morte de Louis Barthes, num combate naval do mar do Norte.
1916-1924	Infância em Bayonne. Curso primário no liceu dessa cidade.
1924	Instalação em Paris, na rua Mazarine e na rua Jacques-Callot. Desde então, todas as férias escolares em Bayonne, na casa dos avós Barthes.
1924-1930	No Liceu Montaigne, do quarto ano primário ao terceiro ginasial.
1930-1934	No Liceu Louis-le-Grand, do quarto ano ginasial ao último colegial. Bacalaureatos: 1933 e 1934.
10 maio 1934	Hemoptise. Lesão do pulmão esquerdo.
1934-1935	Tratamento livre nos Pireneus, em Bedous, no vale de Aspe.
1935-1939	Sorbonne: licenciatura em Letras Clássicas. — Fundação do Grupo de Teatro Antigo.
1937	Isento do serviço militar. — Leitor, durante o verão, em Debreczen (Hungria).
1938	Viagem à Grécia com o Grupo de Teatro Antigo.
1939-1940	Professor de terceiro e quarto anos ginasiais (delegado reitoral) no novo Liceu de Biarritz.
1940-1941	Delegado reitoral (repetidor e professor) nos liceus Voltaire e Carnot, em Paris. — Diploma de Estudos Superiores (sobre a tragédia grega).
outubro 1941	Recaída da tuberculose pulmonar.
1942	Primeira temporada no Sanatório dos Estudantes, em Saint-Hilaire-du-Touvet, na província de Isère.
1943	Convalescência na Pós-Cura da rua Quatrefages, em Paris. — Último certificado de Licenciatura (gramática e filologia).

---

* Uma biografia pormenorizada se encontra em "Réponses", *Tel Quel*, 47, 1971.

julho 1943	Recaída no pulmão direito.
1943-1945	Segunda temporada no Sanatório dos Estudantes. Cura de silêncio, cura de declive, etc. No sanatório, alguns meses de física, química e biologia, com a intenção de fazer medicina psiquiátrica. Durante o tratamento, recaída.
1945-1946	Continuação do tratamento em Leysin, na Clínica Alexandre, dependente do Sanatório Universitário Suíço.
outubro 1945	Pneumotórax extrapleural direito.
1946-1947	Convalescência em Paris.
1948-1949	Ajudante de bibliotecário, depois professor no Instituto Francês de Bucareste e leitor na universidade local.
1949-1950	Leitor na Universidade de Alexandria (Egito).
1950-1952	Na Direção Geral das Relações Culturais, serviço do Ensino.
1952-1954	Estagiário de pesquisas no CNRS (Centro Nacional de Pesquisa Científica) (lexicologia).
1954-1955	Conselheiro literário das Edições de l'Arche.
1955-1959	Adido de pesquisas no CNRS (sociologia).
1960-1962	Orientador de trabalhos na VI Seção da École Pratique des Hautes Études (Universidade de Paris), Ciências Econômicas e Sociais.
1962	Diretor de estudos na École Pratique des Hautes Études ("Sociologia dos signos, símbolos e representações").

(Uma vida: estudos, doenças, nomeações. E o resto? Os encontros, as amizades, os amores, as viagens, as leituras, os prazeres, os medos, as crenças, os gozos, as felicidades, as indignações, as tristezas: em uma só palavra: as ressonâncias? — No texto — mas não na obra.)
Roland Barthes morre em Paris no dia 26 de março de 1980.

Bibliografia 1942-1974

Livros

Le Degré zéro de l'écriture. Paris: Seuil, 1953. (Pierres vives). — Em livro de bolso, com os *Éléments de Sémiologie*. Paris: Gonthier, 1965 (Médiations); com os *Nouveaux essais critiques*. Paris: Seuil, 1972 (Points). — Traduções em alemão, italiano, sueco, inglês, espanhol, tcheco, neerlandês, japonês, português, catalão. [Ed. bras.: *O grau zero da escrita*. Trad. Mário Laranjeira. São Paulo: Martins Fontes, 2000.]

Michelet par lui-même. Paris: Seuil, 1954. (Écrivains de toujours). [Ed. bras.: *Michelet*. Trad. Paulo Neves. São Paulo: Companhia das Letras, 1991.]

Mythologies. Paris: Seuil, 1957. (Pierres vives). — Em livro de bolso, Paris: Seuil, 1970 (Points), com um novo prólogo. — Traduções em italiano, alemão, polonês, inglês, português. [Ed. bras.: *Mitologias*. Trad. Rita Buongermino e Pedro de Souza. Rio de Janeiro: Bertrand Brasil, 1999.]

Sur Racine. Paris: Seuil, 1963. (Pierres vives). — Traduções em inglês, italiano, romeno, português. [Ed. bras.: *Racine*. Trad. Antonio Carlos Viana. Porto Alegre: L&PM, 1987.]

Essais critiques. Paris: Seuil, 1964. (Tel Quel). 6ª edição com um novo prólogo. Traduções em italiano, sueco, espanhol, alemão, sérvio, japonês, inglês, português.

Éléments de sémiologie, em livro de bolso com *Le Degré zéro de l'écriture*. Paris: Gonthier, 1965. — Traduções em italiano, inglês, tcheco, neerlandês, espanhol, português. [Ed. bras.: *Elementos de semiologia*. Trad. Izidoro Blikstein. São Paulo: Cultrix, 1996.]

Critique et vérité. Paris: Seuil, 1966. (Tel Quel) — Traduções em italiano, alemão, catalão, português, espanhol. [Ed. bras.: *Crítica e verdade*. 3. ed. Trad. Leyla Perrone-Moisés. São Paulo: Perspectiva, 1999.]

Système de la mode. Paris: Seuil, 1967. — Tradução em italiano, português. [Ed. bras.: *Sistema da moda*. Trad. Lineide do Lago Salvador Mosca. São Paulo: Nacional/Edusp, 1979.]

S/Z. Paris: Seuil, 1970. (Tel Quel). — Traduções em italiano, japonês, inglês, português. [Ed. bras.: *S/Z*. Trad. Lea Novaes. Rio de Janeiro: Nova Fronteira, 1992.]

L'Empire des signes. Genebra: Skira, 1970. (Sentiers de la création).

Sade, Fourier, Loyola. Paris: Seuil, 1971. (Tel Quel). — Tradução em alemão, português. [Ed. bras.: *Sade, Fourier, Loyola*. Trad. Mário Laranjeira. São Paulo: Brasiliense, 1990.]

La Retorica antiqua, Milão, Bompiani, 1973 (versão francesa em: *Communications*, 16, 1970).

Nouveaux essais critiques, em livro de bolso com *Le Degré zéro de l'écriture*, Paris, Seuil, "Points", 1972. [Ed. bras.: *Novos ensaios críticos* seguidos de *O grau zero da escritura*. Trad. Heloysa de Lima Dantas, Anne Arnichand e Alvaro Lorencini. São Paulo: Cultrix, 1986.]

Le Plaisir du texte. Paris: Seuil, 1973. (Tel Quel). — Traduções em alemão, português. [Ed. bras.: *Prazer do texto*. 5.ed. Trad. J. Guinsburg. São Paulo: Perspectiva, 2002.]

Prefácio, colaborações, artigos*

1942   "Notes sur André Gide et son Journal". *Existences* (revista do Sanatório dos Estudantes de França, Saint-Hilaire-du-Touvet).

1944   "En Grèce". *Existences*.
"Réflexions sur le style de *l'Étranger*". *Existences*.

1953   "Pouvoirs de la tragédie antique". *Théâtre Populaire*, 2.

1954   "Pré-romans". *France-Observateur*, 24 de junho de 1954.
"Théâtre capital" (sobre Brecht). *France-Observateur*, 8 de julho de 1954.

1955   "Nekrassov juge de sa critique". *Théâtre Populaire*, 14.

1956   "A l'avant-garde de quel théâtre?". *Théâtre Populaire*, 18.
"*Aujourd'hui ou les Coréens*, de Michel Vinaver". *France-Observateur*, 1º de novembro de 1956.

1960   "Le problème de la signification au cinéma" e "Les unités traumatiques au cinéma". *Revue Internationale de Filmologie*, X, 32-33 -34.

1961   "Pour une psychosociologie de l'alimentation contemporaine". *Annales*, 5.
"Le message photographique". *Communications*, 1.

1962   "A propos de deux ouvrages de Cl. Lévi-Strauss: sociologie et sociologique". *Information sur les Sciences Sociales*, I, 4.

1964   "La Tour Eiffel", *in La Tour Eiffel* (imagens de André Martin). Paris: Delpire, 1964. (La génie du lieu).
"Rhétorique de l'image". *Communications*, 4.

1965   "Le théâtre grec", *in Histoire des spectacles*. Paris: Gallimard, p. 513-536. (Encyclopédie de la Pléiade).

---

*   Trata-se de uma escolha. Uma bibliografia completa dos artigos (até o fim de 1973) pode ser encontrada em: Stephen Heath, *Vertige du déplacement, lecture de Barthes*, Fayard, 1974 (Digraphe).

1966 "Les vies parallèles" (sobre o *Proust* de G. Painter). *La Quinzaine Littéraire*, 15 de março de 1966.
"Introduction à l'analyse structurale des récits". *Communications*, 8.
1967 Prefácio a *Verdure*, de Antoine Gallien. Paris: Seuil, 1967. (Écrire).
"Plaisir au langage" (sobre Severo Sarduy). *La Quinzaine Littéraire*, 15 de maio de 1967.
1968 "Drame, poème, roman" (sobre *Drame* de Philippe Sollers), *in Théorie d'ensemble*, Paris, Seuil, 1968.
"L'effet de réel", *Communications*, 11.
"La mort de l'auteur", *Mantéia*, V.
"La peinture est-elle un langage?" (sobre J.-L. Schefer), *La Quinzaine Littéraire*, 15 de março de 1968.
1969 "Un cas de critique culturelle" (sobre os *hippies*). *Communications*, 14.
1970 "Ce qu'il advient au signifiant", prefácio a *Eden, Eden, Eden*, de Pierre Guyotat. Paris: Gallimard, 1970.
Prefácio a *Erté* (em italiano), Parma: Franco-Maria Ricci, 1970 (versão francesa em 1973).
"*Musica practica*" (sobre Beethoven). *L'Arc*, 40.
"L'Étrangère" (sobre Julia Kristeva). *La Quinzaine Littéraire*, 1º de maio de 1970.
"L'esprit et la lettre" (sobre *La Lettre et l'Image*, de Massin). *La Quinzaine Littéraire*, 1º de junho de 1970.
"Le troisième sens, notes de recherche sur quelquer photogrammes de S. M. Eisenstein". *Cahiers du Cinéma*, 222.
"L'ancienne Rhétorique, aide-mémoire". *Communications*, 16.
1971 "Style and its image", *in Literary Style: a symposium*, S. Chatman (ed.). Londres/Nova Iorque: Oxford University Press, 1971.
"Digressions". *Promesses*, 29.
"De l'œuvre au texte". *Revue d'Esthétique*, 3.
"Écrivains, intellectuels, professeurs". *Tel Quel*, 47.
"Réponses". *Tel Quel*, 47.
"Languages at war in a culture at peace". *Times Literary Supplement*, 8 de outubro de 1971.
1972 "Le grain de la voix". *Musique en Jeu*, 9. [Ed. bras.: *O grão da voz*. Trad. Anamaria Skinner. Rio de Janeiro: Francisco Alves, 1995.]
1973 "Théorie du Texte" (verbete "Texte"), *Encyclopaedia Universalis*, t. XV.
"Les sorties du texte", *in Bataille*. Paris: Union Générale d'Éditions, 1973. (10/18).
"Diderot, Brecht, Eisenstein", *in Cinéma, Théorie, Lectures* (número especial da *Revue d'Esthétique*). Paris: Klincksieck.

"Saussure, le signe, la démocratie". *Le Discours Social*, 3-4.
"Réquichot et son corps", *in L'Œuvre de Bernard Réquichot*. Bruxelas: Éd. de la Connaissance, 1973.
"Aujourd'hui, Michelet". *L'Arc*, 52.
"Par-dessus l'épaule" (sobre *H* de Philippe Sollers). *Critique*, 318.
"Comment travaillent les écrivains" (entrevista). *Le Monde*, 27 de setembro de 1973.

1974 "Premier texte" (pastiche do *Criton*). *L'Arc*, 56.
"Au séminaire". *L'Arc*, 56.
"Alors la Chine?". *Le Monde*, 24 de maio de 1974.

Obras e números de revistas dedicados a Roland Barthes

Mallac (Guy de) e Eberbach (Margaret). *Barthes*. Paris: Éditions Universitaires, 1971. (Psychothèque).

Calvet (Louis-Jean). *Roland Barthes, un regard politique sur le signe.* Paris: Payot, 1973.

Heath (Stephen). *Vertige du déplacement, lecture de Barthes*. Paris: Fayard, 1974. (Digraphe).

Número especial da revista *Tel Quel*, 47, outono de 1971.

Número especial da revista *L'Arc*, 56, 1974.

• A grafia para nada...

Bibliografia complementar: 1975-1995

Livros

S/Z. Paris: Seuil, 1976. (Points Essais).

Fragments d'un discours amoureux. Paris: Seuil, 1977. (Tel Quel). [Ed. bras.: *Fragmentos de um discurso amoroso*. Trad. Hortensia dos Santos. Rio de Janeiro: Francisco Alves, 2000.]

Sollers écrivain. Paris: Seuil, 1979. [*Sollers escritor*. Trad. Ligia Maria Ponde Vassallo. Fortaleza: UFCE, 1982.]

Sur Racine. Paris: Seuil, 1979. (Points Essais).

Sade, Fourier, Loyola. Paris: Seuil, 1980. (Points Essais).

Sur la littérature (em colaboração com Maurice Nadeau). Grenoble: PUG, 1980.

Essais critiques. Paris: Seuil, 1981. (Points Essais).

Le Grain de la voix. Entrevistas 1962-1980. Paris: Seuil, 1981.

Essais critiques, t. 3, L'Obvie et l'Obtus. Paris: Seuil, 1982 (Tel Quel), 1992 (Points Essais). [Ed. bras.: *O óbvio e o obtuso*. Trad. Lea Novaes. Rio de Janeiro: Nova Fronteira, 1990.]

Le Plaisir du texte. Paris: Seuil, 1982, 1992. (Points Essais).

Le Système de la mode. Paris: Seuil, 1983. (Points Essais).

Essais critiques: t. 4, Le Bruissement de la langue. Paris: Seuil, 1984, 1993. (Points Essais).

L'Aventure sémiologique. Paris: Seuil, 1985, 1991. (Points Essais). [Ed. bras.: *A aventura semiológica*. Trad. Mário Laranjeira. São Paulo: Martins Fontes, 2001.]

Incidents. Paris: Seuil, 1987. [Ed. bras.: *Incidentes*. Trad. Julio Castanon Guimarães. Rio de Janeiro: Guanabara, 1988.]

La Chambre claire. Paris: Gallimard/Seuil/Cahiers du Cinéma, 1989. [Ed. bras.: *A câmara clara*. Trad. Julio Castanon Guimarães. Rio de Janeiro: Nova Fronteira, 1984.]

Michelet. Paris: Seuil, 1988 (Points Littérature), 1995 (Écrivains de toujours).

La Tour Eiffel. Photographies André Martin. Paris: Seuil/Centre National de la Photographie, 1989.

Leçon. Paris: Seuil, 1989. (Points Essais). [Ed. bras.: *Aula*. Trad. Leyla Perrone-Moisés. São Paulo: Cultrix, 1985.]

Œuvres complètes: t. 1: 1942-1965. Paris: Seuil, 1993; t. 2: 1966-1973, Paris: Seuil, 1994; t. 3: 1974-1980. Paris: Seuil, 1995.

Prefácios, contribuições, artigos

1982 Thierry Leguay no número especial de *Communications*, nº 36, Seuil, 4º trimestre de 1982.

1983 Sanford Freedman e Carole Anne Taylor. *Roland Barthes, a bibliographical reader's guide*. Nova Iorque/Londres: Garland.

Números especiais de revistas, exposições, colóquios

Barthes après Barthes, une actualité en questions. Atas do colóquio internacional de Pau, textos reunidos por Catherine Coquio e Régis Salado. Publications de l'Université de Pau, 1993.

Les Cahiers de la photographie, "Roland Barthes et la photo: le pire des signes". Contrejour, 1990.

Critique, nº 423-424. Minuit, ago./set., 1982.

L'Esprit créateur, nº 22, primavera de 1982.

Lectures, nº 6, "Le fascicule barthésien". Dedalo libri, Bari, set./dez., 1980.

Magazine littéraire, nº 97, fevereiro de 1975 e nº 314, outubro de 1993.

Mitologie di Roland Barthes. Atas do colóquio de Reggio Emilia, editadas por Paolo Fabbri e Isabella Pezzini. Pratiche Editrice. Parma, 1986.

Poétique, nº 47. Seuil, setembro de 1981.

Prétexte: Roland Barthes. Atas do colóquio de Cerisy, dirigido por Antoine Compagnon. UGE, 1978. (10/18).

La Recherche photographique, junho de 1992, nº 12. Maison Européenne de la Photographie. Universidade de Paris VIII.

Le Règle du jeu, nº 1, "Pour Roland Barthes", maio de 1990.

Revue d'Esthétique, nova série, nº 2. Privat, 1981.

Roland Barthes, le texte et l'image. Catálogo da exposição do Pavillon des Arts, 7 de maio-3 de agosto de 1986.

Textuel, nº 15. Universidade de Paris-VII, 1984.

Livros dedicados a Roland Barthes

BENSMAÏA, Réda. *Barthes à l'essai, introduction au texte réfléchissant*. Tübingen: Gunter Narr, 1986.

BOUGHALI, Mohamed. *L'Érotique du langage chez Roland Barthes*. Casablanca: Afrique-Orient, 1986.

CALVET, Jean-Louis. *Roland Barthes*. Paris: Flammarion, 1990.

COMMENT, Bernard. *Roland Barthes, vers le neutre*. Paris: Christian Bourgois, 1991.

CULLER, Jonathan. *Barthes*. Nova York: Oxford University Press, 1983.

DE LA CROIX, Arnaud. *Pour une éthique du signe*. Bruxelas: De Boeck, 1987.

DELORD, Jean. *Roland Barthes et la photographie*. Paris: Créatis, 1980.

FAGÈS, Jean-Baptiste. *Comprendre Roland Barthes*. Paris: Privat, 1979.

JOUVE, Vincent. *La Littérature selon Barthes*. Paris: Minuit, 1986. (Arguments).

LAVERS, Annette. *Structuralisme and after*. Cambridge: Harvard University Press, 1982.

LOMBARDO, Patrizia. *The Three Paradoxes of Roland Barthes*. Atlanta: Georgia University Press, 1989.

LUND, Steffen Nordhal. *L'Aventure du signifiant. Une lecture de Barthes*. Paris: PUF, 1981.

MAURIÈS, Patrick. *Roland Barthes*. Paris: Le Promeneur, 1982.

MELKONIAN, Martin. *Le Corps couché de Roland Barthes*. Paris: Librairie Séguier, 1989.

MORTIMER, Armine Kotin. *The Gentlest Law, Roland Barthes's The Pleasure of the Text*. Nova Iorque: Peter Lang, 1989.

PATRIZI, Giorgio. *Roland Barthes o le peripezie della semiologia*. Roma: Istituto della Enciclopedia Italiana, Biblioteca Biografica, 1977.

ROBBE-GRILLET, Alain. *Pourquoi j'aime Barthes*. Paris: Christian Bourgois, 1978.

ROGER, Philippe. *Roland Barthes, roman*. Paris: Grasset, 1986. (Figures). Reed. em livro de bolso "Biblio-Essais", 1990.

SONTAG, Susan. *L'Écriture même: à propos de Roland Barthes*. Paris: Christian Bourgois, 1982.

THODY, Philippe. *Roland Barthes: a Conservative Estimate*. Londres/Basingstoke: The Macmillan Press, 1977.

UNGAR, Steven. *Roland Barthes, the Professor of Desire*. Lincoln/Londres: University of Nebraska Press, 1983.

WASSERMAN, George R. *Roland Barthes*. Boston: Twayne, 1981.

Pontos de referência

Acabar (o livro): 181
Adjetivo: 55, 131, 191
Alegorias: 140
Alfabeto: 164
Algoritmos: 115
Amar: 128, 129
Amigos: 61, 77, 79
Amor: 76, 79, 100, 106, 128, 129
Anfibologias: 86, 87
Antítese: 155
Apelo (aos mortos): 57
Argo: 58, 129, 180
Aspas: 104, 121, 180
Assinatura: 69, 184

Bagunça: 167
Baiona: 62, 124, 125, 153
Balbucio: 66, 168
Banalidade: 154, 155
Biografema: 126
Boate: 158, 159
Brecht: 65, 67, 186

Cansaço (da linguagem): 104, 194
Careta: 144
Celina e Flora: 100
China: 61, 182
Clássico (escrever clássico): 107
Classificação: 160, 161
Complacência: 122
Contradições: 160
Conversa: 78
Convicção: 195, 196
Corpo (e política): 192, 193
Corpus: 179

Descrição: 82
Diderot: 161
Distanciamento: 186
Ditado: 57, 153
Divisão (da linguagem): 132, 140, 185
Doxa: 59, 77, 84, 85, 96, 139, 140, 171

Doxologia: 59
Droga: 194

Efeitos (de linguagem): 92
Enciclopédia: 165
Engodo: 126
Enxaquecas: 74, 141, 142
Erotização: 76
Escalonamento: 76, 112, 122
Escoriação: 169
Escritor (fantasma): 91, 95
Espiral: 82, 103
Etimológicas (ciências): 156
Exclusão: 99, 100, 113, 140
Expressão: 100, 129, 195

Fábula: 168
Falador: 66
Fascinação: 64
Fingimento: 138
Fragmentos: 108, 109, 164
Frase: 120, 162, 197

Gide: 92, 108, 115

Hegel: 117, 184
Heine: 129
Homossexualidade: 77, 83, 150, 166
Histeria: 142, 151

Ideologia: 60, 104, 120, 193
Imaginário: 55, 57, 79, 88, 96, 104, 118, 121, 122, 131, 143, 144, 169, 173, 180, 186, 191, 196
Incidentes: 167
Índice: 108
Individualismo: 122, 180
Influência: 122
Intelectual: 77, 119
Ironia: 56

Jactância: 166, 171

Leitor: 122
Liberalismo: 134
Lirismo: 100

Maldade: 186
Marrac: 138
Marxismo: 173
Máxima: 197
Medo: 61, 131, 162
Medusa: 139, 140
Mexerico: 131, 186
Militante: 120, 171
Minoritária (situação): 147
Moda: 142, 143, 144
Moralidade: 77, 113, 162
Mortos (texto dos Mortos): 166

Neutro: 116, 141, 149
Nomes próprios: 63, 64

Parênteses: 121
Paquera: 86
Política: 65, 144, 155, 164, 171, 188, 192
Privado: 95, 96
Pronomes: 71, 183, 186
Prospectus: 191
Proust: 100, 152

Quadro (negro): 57

Receptível: 135
Relações privilegiadas: 79
Réplica (a última): 63, 109, 137, 189
Resumo: 71
Retórica: 110

Rito: 78
Romance: 137
Romanesco: 105
Roubo (de linguagem): 106, 156, 185

Satisfação (plena): 129
Scopia: 180
Semiologia: 179
Sentimentalismo: 79
Sexualidade: 173, 181, 182, 183
Sexy: 182
Sideração: 140
Signo: 148
Simbólico: 71, 169
Simpatia: 154
Sinalética: 195
Sobredeterminação: 58, 188
Sujeito (sem referente): 71

Tartamudez: 158
Tom (de aforismo): 197
Tópica: 78, 79
Trabalho (da palavra): 129
Transgressão: 79
Transparência: 155

Vanguarda: 67, 123, 136, 151, 193
Viril (/não viril): 149
Visão: 105, 179
Voz: 81, 82, 165
Vulgaridade: 103, 143

Textos citados

Livros

CV	*Critique et Vérité*, 1966	NEC	*Nouveaux Essais critiques*, ed. 1972
DZ	*Le Degré zéro de l'écriture*, ed. 1972	PlT	*Le Plaisir du Texte*, 1973
EC	*Essais critiques*, 1964	SFL	*Sade, Fourier, Loyola*, 1971
EpS	*L'Empire des signes*, 1971	SM	*Système de la Mode*, 1967
Mi	*Michelet par lui-même*, 1954	SR	*Sur Racine*, 1963
My	*Mythologies*, ed. 1970	S/Z	*S/Z*, 1970

Prefácios, colaborações, artigos

ER	*Erté*, 1970	ST	"Les sorties du texte", 1973
Ré	*Réquichot*, 1973	TE	"La Tour Eiffel", 1964
SI	"Style and its Image", 1971		

1942 "Notes sur André Gide et son Journal"
1944 "En Grèce"
1953 "Pouvoirs de la tragédie antique"
1954 "Pré-romans"
1956 "*Aujourd'hui ou les Coréens*"
1962 "A propos de deux ouvrages de Cl. Lévi-Strauss"
1968, I "La mort de l'auteur"
1968, II "La peinture est-elle un langage?"
1969 "Un cas de critique culturelle"
1970, I "L'Esprit et la lettre"
1970, II "L'ancienne rhétorique"
1971, I "Digressions"
1971, II "Réponses"
1973 "Aujourd'hui, Michelet"
1974 "Premier texte"

Ilustrações*

4 Biscarosse, Landes, por volta de 1932. A mãe do narrador.
12 Bayonne, rua Port-Neuf, ou rua des Arceaux (foto Roger-Viollet).
15 Bayonne, Marrac, por volta de 1923. Com sua mãe.
16/17 Bayonne (cartões-postais, coleção Jacques Azanza).
19 Casa dos avós paternos, em Bayonne, alamedas Paulmy.
20 Menino, no jardim da casa dos avós paternos.
21 A avó paterna do narrador.
22 O Capitão Binger (litografia). "BINGER (*jê*), (Louis-Gustave), oficial e administrador francês, nascido em Estrasburgo, falecido em Isle-Adam (1856-1936). Explorou o país da curva do Niger até o golfo de Guiné e a Costa do Marfim" (*Larousse*).
23 Léon Barthes.
25 Berthe, Léon Barthes e a filha Alice.
25 Noémi Révelin.
26 Alice Barthes, tia do narrador.
27 Louis Barthes.
28 Bayonne, por volta de 1925. As alamedas Paulmy (cartão-postal).
29 Bayonne, as Alamedas Marinhas (cartão-postal).
30 Reconhecimento de dívida de Léon Barthes para com seu tio.
31 Os bisavós Barthes e seus filhos.
32 Bayonne, Louis Barthes e sua mãe. — Paris, rua S., a mãe e o irmão do narrador.
33 Cherbourg, 1916.
34 Numa prainha de Ciboure, hoje desaparecida, por volta de 1918.
35 Bayonne, Marrac, por volta de 1919.
36 Bayonne, Marrac, 1923.
37 Tóquio, 1966. — Milão, por volta de 1968 (foto Carla Cerati).
38 A casa de U. (foto Myriam de Ravignan).
39 Biscarosse, Landes, com a mãe e o irmão.
40 Biscarosse, Landes, por volta de 1932.
41 Paris, 1974 (foto Daniel Boudinet).
42 Hendaye, 1929.
43 1932, saindo do Liceu Louis-le-Grand, no Boulevard Saint-Michel, com dois colegas.
44 1933, lição do colegial.
45 1936, representação dos *Persas* no pátio da Sorbonne, pelos estudantes do Grupo de Teatro Antigo da Sorbonne.
46 1937, no Bois de Boulogne.

---

* Salvo menção particular, os documentos pertencem ao autor.

47 No Sanatório dos Estudantes: a folha de temperatura (1942-1945).
49 1942, no Sanatório. — 1970 (foto Jerry Bauer).
50 Paris, 1972.
51 Paris, 1972. — Juan-les-Pins, casa de Daniel Cordier, verão de 1974 (foto Youssef Baccouche).
52 Palmeiras do Marrocos (foto Alain Benchaya).
54 Paris, 1974 (foto Daniel Boudinet).
70 Roland Barthes, composição musical sobre uma poesia de Charles d'Orléans, 1939.
90 Roland Barthes, fichas de trabalho.
102 Roland Barthes, Markers de cor, 1971.
116 Roland Barthes, manuscrito de um fragmento.
128 Roland Barthes, Markers de cor, 1972.
145 *International Herald Tribune*, 12-13 de outubro 1974.
163 Desenho de Maurice Henry: Michel Foucault, Jacques Lacan, Claude Lévi-Strauss e Roland Barthes (*La Quinzaine littéraire*).
172 Provas do CAPES, Letras Modernas (mulheres), 1972: relatório do júri de concurso.
178 Roland Barthes, fichas.
187 Seminário da École des Hautes-Études, 1974 (foto Daniel Boudinet).
199 *Encyclopédie* de Diderot: Anatomia: os troncos da veia cava com seus ramais dissecados, num corpo adulto.
206 Roland Barthes, Tinta, 1971.
215 Roland Barthes, Grafia, 1972.

Trabalhos fotográficos: F. Duffort.

... ou o significante sem significado.

E depois?

— Que escrever, agora? Poderia o senhor escrever ainda mais alguma coisa?
— A gente escreve com seu próprio desejo, e não se acaba nunca de desejar.

ESTE LIVRO FOI COMPOSTO EM GATINEAU 10,5 POR 14 E IMPRESSO SOBRE PAPEL CHAMBRIL 90 g/m² EM 2ª EDIÇÃO NAS OFICINAS DA ASSAHI GRÁFICA - SÃO BERNARDO DO CAMPO - SP, EM DEZEMBRO DE 2017.